经济增长、能源安全与碳排放
——基于上合组织与一带一路的分析

JINGJI ZENGZHANG、NENGYUAN ANQUAN YU TANPAIFANG
——JIYU SHANGHE ZUZHI YU YIDAI YILU DE FENXI

李　鹏◎著

中国政法大学出版社

2024·北京

图书在版编目（ＣＩＰ）数据

经济增长、能源安全与碳排放：基于上合组织与一带一路的分析 / 李鹏著. -- 北京：中国政法大学出版社，2024. 6. -- ISBN 978-7-5764-1557-5

Ⅰ. F113.4；TK01；X511

中国国家版本馆 CIP 数据核字第 2024P9P044 号

出 版 者　　中国政法大学出版社

地　　址　　北京市海淀区西土城路 25 号

邮寄地址　　北京 100088 信箱 8034 分箱　邮编 100088

网　　址　　http://www.cuplpress.com (网络实名：中国政法大学出版社)

电　　话　　010-58908285(总编室) 58908433（编辑部）58908334(邮购部)

承　　印　　固安华明印业有限公司

开　　本　　720mm×960mm　1/16

印　　张　　10

字　　数　　165 千字

版　　次　　2024 年 6 月第 1 版

印　　次　　2024 年 6 月第 1 次印刷

定　　价　　49.00 元

上海政法学院学术著作编审委员会

总　序

四秩芳华，似锦繁花。幸蒙改革开放的春风，上海政法学院与时代同进步，与法治同发展。如今，这所佘山北麓的高等政法学府正以稳健铿锵的步伐在新时代新征程上砥砺奋进。建校 40 年来，学校始终坚持"立足政法、服务上海、面向全国、放眼世界"的办学理念，秉承"刻苦求实、开拓创新"的校训精神，走"以需育特、以特促强"的创新发展之路，努力培养德法兼修、全面发展，具有宽厚基础、实践能力、创新思维和全球视野的高素质复合型应用型人才。四十载初心如磐，奋楫笃行，上海政法学院在中国特色社会主义法治建设的征程中书写了浓墨重彩的一笔。

上政之四十载，是蓬勃发展之四十载。全体上政人同心同德，上下协力，实现了办学规模、办学层次和办学水平的飞跃。步入新时代，实现新突破，上政始终以敢于争先的勇气奋力向前，学校不仅是全国为数不多获批教育部、司法部法律硕士（涉外律师）培养项目和法律硕士（国际仲裁）培养项目的高校之一；法学学科亦在"2022 软科中国最好学科排名"中跻身全国前列（前9%）；监狱学、社区矫正专业更是在"2023 软科中国大学专业排名"中获评 A+，位居全国第一。

上政之四十载，是立德树人之四十载。四十年春风化雨、桃李芬芳。莘莘学子在上政校园勤学苦读，修身博识，尽显青春风采。走出上政校门，他们用出色的表现展示上政形象，和千千万万普通劳动者一起，绘就了社会主义现代化国家建设新征程上的绚丽风景。须臾之间，日积月累，学校的办学成效赢得了上政学子的认同。根据 2023 软科中国大学生满意度调查结果，在本科生关注前20的项目上，上政 9 次上榜，位居全国同类高校首位。

上政之四十载，是胸怀家国之四十载。学校始终坚持以服务国家和社会需要为己任，锐意进取，勇担使命。我们不会忘记，2013年9月13日，习近平主席在上海合作组织比什凯克峰会上宣布，"中方将在上海政法学院设立中国-上海合作组织国际司法交流合作培训基地，愿意利用这一平台为其他成员国培训司法人才。"十余年间，学校依托中国-上合基地，推动上合组织国家司法、执法和人文交流，为服务国家安全和外交战略、维护地区和平稳定作出上政贡献，为推进国家治理体系和治理能力现代化提供上政智慧。

历经四十载开拓奋进，学校学科门类从单一性向多元化发展，形成了以法学为主干，多学科协调发展之学科体系，学科布局日益完善，学科交叉日趋合理。历史坚定信仰，岁月见证初心。建校四十周年系列丛书的出版，不仅是上政教师展现其学术风采、阐述其学术思想的集体亮相，更是彰显上政四十年发展历程的学术标识。

著名教育家梅贻琦先生曾言，"所谓大学者，有大师之谓也，非谓有大楼之谓也。"在过去的四十年里，一代代上政人勤学不辍、笃行不息，传递教书育人、著书立说的接力棒。讲台上，他们是传道授业解惑的师者；书桌前，他们是理论研究创新的学者。《礼记·大学》曰："古之欲明明德于天下者，先治其国"。本系列丛书充分体现了上政学人想国家之所想的高度责任心与使命感，体现了上政学人把自己植根于国家、把事业做到人民心中、把论文写在祖国大地上的学术品格。激扬文字间，不同的观点和理论如繁星、似皓月，各自独立，又相互辉映，形成了一幅波澜壮阔的学术画卷。

吾辈之源，无悠长之水；校园之草，亦仅绿数十载。然四十载青葱岁月光阴荏苒。其间，上政人品尝过成功的甘甜，也品味过挫折的苦涩。展望未来，如何把握历史机遇，实现新的跨越，将上海政法学院建成具有鲜明政法特色的一流应用型大学，为国家的法治建设和繁荣富强作出新的贡献，是所有上政人努力的目标和方向。

四十年，上政人竖起了一方里程碑。未来的事业，依然任重道远。今天，借建校四十周年之际，将著书立说作为上政一个阶段之学术结晶，是为了激励上政学人在学术追求上续写新的篇章，亦是为了激励全体上政人为学校的发展事业共创新的辉煌。

党委书记　葛卫华教授

校　　长　刘晓红教授

2024年1月16日

目 录 /CONTENTS

第三部分　上海合作组织成员国碳排放

第一部分

"一带一路"共建国家经济增长与
上合组织成员国经济增长动力来源分析

"一带一路"共建国家技术进步与
劳动力人口增长关系的实证研究

第一节 问题的提出

关于技术进步对劳动力人口数量增长带来的影响，是一个古老的经济学问题，也是现阶段学术界的热点研究话题。马克思认为：在资本主义社会里，资本主义社会的基本矛盾决定了技术进步必然会排挤劳动力，造成大量劳动力失业。1932 年著名经济学家希克斯（Hicks）在《工资理论》中提出了技术进步与劳动力人口数量替代关系假说，该假说认为：当工资相对于资本变得更加昂贵时，会导致企业生产成本不断增加，进而导致企业利润减少；为阻止因劳动力工资上升导致的企业利润水平减少，企业会致力于节约劳动力的技术研发，新的节约劳动力的技术会出现，从而导致技术进步对劳动力产生替代关系，技术进步导致劳动力人口数量减少。著名经济学家沃西里·里昂惕夫（Leontief）认为，技术进步会导致劳动变得越来越不重要，越来越多的劳动力人口会被机器取代。然而，几个世纪以来，随着技术进步，全世界劳动力总量却在不断增加。用劳动力数量替代技术进步，也是中国自改革开放以来经济发展过程中的一个普遍现象。技术进步究竟会增加劳动力人口数量还是会减少劳动力人口数量呢？已有研究结论并没有达成一致，学术界主要有四种不同的观点。

第一类观点认为，技术进步会促进劳动力人口数量增长。赵利、王振兴（2010）研究发现，我国的技术进步与劳动力人口数量之间存在正相关的长期均衡关系。黄赜琳（2006）研究表明，技术进步对劳动力人口增长会产生正向冲击效应，会导致该技术进步所对应部门的工人数量增加。Kremer（1993）指出，技术进步主要导致了人口的增长而非人均产量的增加。Mokyr（1990）认为，技术进步还会导致劳动密集型岗位的出现，进而导致劳动力人口增加。Ebersberger 和 Pyka（2010）指出，技术进步对就业有补偿效应，会增加劳动力人口数量。Acemoglu 和 Restrepo（2018）研究发现，并不是所有类型的技术进步都会减缓劳动力人口数量的增长，还存在促进劳动力就业人口数量增长的技术进步类型。

第二类观点认为，技术进步会抑制劳动力人口数量增长。张军（2002）研究表明，技术进步必然导致企业资本密集度提高，企业资本密集度提高不仅不能有效吸纳新增劳动力，还导致现有企业工人大量失业，因此，技术进步会导致劳动力人口总量减少。龚玉泉、袁志刚（2002）研究发现，从短期来看，技术进步提高了劳动生产率和资本有机构成，产生技术进步的就业排斥效应，导致劳动力人口数量减少。Aghion 和 Howitt（1994）指出，技术进步会缩短工作岗位的生命周期，造成更多人失业。Keynes（1932）、Brynjolfsson 和 McAfee（2014）、Autor（2015）认为，技术进步会导致大量劳动力被机器取代，从而形成大量技术性失业人口。

第三类观点认为，技术进步对劳动力人口数量增长的影响带有不确定性。Berman et al.（1998）、Acemoglu（2003）、Hornstein et al.（2005）、杨蕙馨和李春梅（2013）研究发现，技术进步会增加高技能劳动力人口数量，但会减少低技能劳动力人口数量，因此，技术进步对总的劳动力人口数量的影响是不确定的，可能导致总的劳动力人口数量增加，也可能导致总的劳动力人口数量减少。

第四类观点认为，技术进步对劳动力人口数量增长的影响不明显。根据方建国、尹丽波（2012）以我国福建省 1988 年至 2010 年的数据分析技术进步对劳动力人口总量影响的研究，从长期来看技术进步对劳动力人口总量的影响不显著。

我国政府自 2013 年提出"一带一路"倡议之后，"一带一路"建设为世界经济发展提供了重要推动力，为世界走向共同繁荣提供了中国方案。"一带一路"共建国家是"一带一路"倡议的积极参与者，以"一带一路"共建国家为对象的学术研究，成为现阶段学术界的重大学术热点话题，受到社会各界高度关注。技术进步对劳动力人口数量的影响研究，是一个古老而复杂的经济学问题, 学术界至今仍然争论不休。对于"一带一路"共建国家而言, 技术进步究竟会增加劳动力人口数量还是会减少劳动力人口数量呢?

已有文献主要以单个国家或地区为对象来研究技术进步对劳动力人口数量变化的影响, 缺乏以"一带一路"共建国家为研究对象的分析。本章以"一带一路"共建国家为分析样本, 以检验技术进步对劳动力人口数量增长究竟产生促进作用还是抑制作用。本章的研究是对已有文献的丰富和拓展。

本章的学术贡献主要有三方面。第一, 本章拓展了克雷默的内生知识增长模型, 从理论上论证了技术进步对劳动人口数量的影响, 研究发现, 技术进步会促进劳动力人口数量增长。第二, 本章测算了 1998 年至 2017 年"一带一路"共建国家技术进步对劳动力人口数量的影响大小。第三, 本章还发现: 技术进步会促进劳动力人口数量增长的结论是否成立, 跟研究样本所处的时间阶段 (经济发展阶段) 有密切关系, 并不是对所有时间段都成立。

本章结构安排如下: 第一部分为问题的提出, 第二部分为技术进步与劳动力人口增长关系的数理模型, 第三部分为技术进步与劳动力人口增长数量关系的计量模型研究设计, 第四部分为对计量回归结果的解释, 第五部分为研究结论。

第二节 技术进步与劳动力人口增长的数理模型

基于克雷默 (1993) 的内生知识增长模型, 本章分两种情形来论证技术进步对劳动力人口增长数量的影响。

情形 1: 生产函数中不包含资本时, 技术进步与劳动力人口数量关系分析。

假定生产函数为柯布道格拉斯形式, 且规模报酬不变:

$$Y_{(t)} = R^{\alpha} \left[A_{(t)} L_{(t)} \right]^{1-\alpha} \tag{1}$$

R 表示不变的土地存量, $Y_{(t)}$ 表示第 t 期的产量, $A_{(t)}$ 表示第 t 期的技术水平, $L_{(t)}$ 表示第 t 期的劳动力人口, α 是参数, 满足 $0 < \alpha < 1$。

假定技术进步率 (技术进步增长速度) 与劳动力人口成正比:

$$\frac{\overset{\bullet}{A_{(t)}}}{A_{(t)}} = B L_{(t)} \tag{2}$$

人口调整使得人均产量等于生存水平 $\bar{y}$：

$$\frac{Y_{(t)}}{L_{(t)}} = \bar{y} \tag{3}$$

由式（1）和式（3）可得：

$$L_{(t)} = \left(\frac{1}{\bar{y}}\right)^{1/\alpha} (A_{(t)})^{(1-\alpha)/\alpha} R \tag{4}$$

由式（4）可得：

$$\frac{\dot{L}_{(t)}}{L_{(t)}} = \left(\frac{1-\alpha}{\alpha}\right) \frac{\dot{A}_{(t)}}{A_{(t)}} \tag{5}$$

式（5）意味着：

$$g_L = \left(\frac{1-\alpha}{\alpha}\right) g_A \tag{6}$$

其中，$g_L = \frac{\dot{L}_{(t)}}{L_{(t)}}$ 表示劳动力人口增长速度，$g_A = \frac{\dot{A}_{(t)}}{A_{(t)}}$ 表示技术进步增长速度。

由于 $0 < \alpha < 1$，则式（6）中 $\frac{1-\alpha}{\alpha} > 0$。式（6）表明：技术进步增长速度越大，则劳动力人口增长速度也越大。

情形2：生产函数中包含资本时，技术进步与劳动力人口数量关系分析[1]。

当生产函数为柯布道格拉斯形式，且规模报酬不变时，则：

$$Y_{(t)} = R^{\alpha} [K_{(t)}]^{\beta} [A_{(t)} L_{(t)}]^{1-\alpha-\beta} \tag{7}$$

其中 $0 < \alpha < 1$，$0 < \beta < 1$，且 $0 < \alpha + \beta < 1$。采用同样的分析思路可以得到：

$$g_L = \left(\frac{\beta}{\alpha+\beta}\right) g_K + \left(\frac{1-\alpha-\beta}{\alpha+\beta}\right) g_A \tag{8}$$

式（8）表明：技术进步增长速度越大，则劳动力人口增长速度也越大。

综合上述分析可知，当生产函数为柯布道格拉斯形式，而且满足人口调整使得人均产量等于生存水平的前提条件时，不论生产函数中是否包含资本，技术进步增长速度与劳动力人口增长速度之间均存在正相关性[1]。

---

[1] 情形2在克雷默（1993）的内生知识增长模型中没有出现，是本书提出的。

第三节 技术进步与劳动力人口增长数量关系的计量模型研究设计

本章从理论上论证了技术进步增长速度与劳动力人口增长速度存在正相关性的可能性,那么能否在现实中得到验证呢?因此,有必要进行回归检验。本章以"一带一路"共建国家为样本进行计量模型分析。

（一）计量回归模型设定

基于式（6）,本章设计的计量回归模型如下所示:

$$\ln L_{c,t} - \ln L_{c,t-1} = \beta_1(\ln A_{c,t} - \ln A_{c,t-1}) + \beta_2 X_{c,t} + \alpha_c + \gamma_t + \varepsilon_{c,t} \quad (9)$$

其中 c 表示国家名称,$L_{c,t}$ 表示国家 c 在第 t 期的劳动力人口数量,$\ln L_{c,t}$ 表示国家 c 在第 t 期的取自然对数后的劳动力人口数量,$L_{c,t-1}$ 表示国家 c 在第 t-1 期的劳动力人口数量,$\ln L_{c,t-1}$ 表示国家 c 在第 t-1 期的取自然对数后的劳动力人口数量,$\ln L_{c,t} - \ln L_{c,t-1}$ 表示国家 c 的劳动力人口在第 t 期的增长速度[2];$A_{c,t}$ 表示国家 c 在第 t 期的技术进步水平,$A_{c,t-1}$ 表示国家 c 在第 t-1 期的技术进步水平,$\ln A_{c,t} - \ln A_{c,t-1}$ 表示国家 c 在第 t 期的技术进步增长速度[3];$X_{c,t}$ 表示控制变量集合,控制变量集合包括医疗水平、人均收入、经济发展活跃程度、城镇化水平、老龄化程度、劳动力人口的再生产状况、产业结构发展状况、人口密度、金融发展状况和经济增长速度;β_1 和 β_2 为对应变量的回归系数;α_c 反映个体固定效应,γ_t 反映时点固定效应,$\varepsilon_{c,t}$ 是扰动项。

（二）样本选择

到目前为止,"一带一路"共建国家共计 71 个包括中国、蒙古国、伊朗、伊拉克、土耳其、叙利亚、约旦、黎巴嫩、以色列、巴勒斯坦、沙特阿拉伯、也门、阿曼、阿联酋、卡特尔、科威特、巴林、希腊、塞浦路斯、埃及、印度、

---

〔1〕 当生产函数不是柯布道格拉斯生产函数形式,同时人口调整使人均产量等于生存水平的前提条件得不到满足时,技术进步增长速度与劳动力人口增长速度之间的正相关性不一定成立。

〔2〕 $\ln L_{c,t} - \ln L_{c,t-1}$ 化简后得到劳动力人口增长速度表达式 $\dfrac{\dot{L}_{c,t}}{L_{c,t}}$。

〔3〕 $\ln A_{c,t} - \ln A_{c,t-1}$ 化简后得到技术进步增长速度表达式 $\dfrac{\dot{A}_{c,t}}{A_{c,t}}$。

巴基斯坦、孟加拉国、阿富汗、斯里兰卡、马尔代夫、尼泊尔、不丹、俄罗斯、乌克兰、白俄罗斯、格鲁吉亚、阿塞拜疆、亚美尼亚、摩尔多瓦、波兰、立陶宛、爱沙尼亚、拉脱维亚、捷克、斯洛伐克、匈牙利、斯洛文尼亚、克罗地亚、波黑、黑山、塞尔维亚、阿尔巴尼亚、罗马尼亚、保加利亚、马其顿、新加坡、马来西亚、印度尼西亚、缅甸、泰国、老挝、柬埔寨、越南、文莱、菲律宾、哈萨克斯坦、乌兹别克斯坦、土库曼斯坦、塔吉克斯坦、吉尔吉斯斯坦、肯尼亚、吉布提、德国、荷兰、意大利。相关样本的数据所涉及的时间期限是从 1998 年至 2017 年，相关数据来源于中国国家统计局官方网站公布的数据。由于巴勒斯坦、马其顿和吉布提的相关数据缺失严重，本章在进行样本选择时将其剔除。

（三）变量定义

表 1-1 为本章计量模型中相关变量的符号及含义，被解释变量为劳动力人口增长速度，以符号 LV 表示；本章计量模型中的核心解释变量为技术进步增长速度，以符号 TV 表示，其他变量为控制变量。

表 1-1 变量定义

变量名称符号	变量含义
LV	表示劳动力人口增长速度，与公式（9）中的 $\ln L_{c,\,t} - \ln L_{c,\,t-1}$ 相对应，度量单位：%。
TV	表示技术进步增长速度，与公式（9）中的 $\ln A_{c,\,t} - \ln A_{c,\,t-1}$ 相对应。以居民专利申请数量反映技术进步水平，以居民专利申请数量的增长速度反映技术进步增长速度，度量单位：%。 一般而言，居民专利申请数量的增长速度越快，技术进步增长速度越快。
med	表示医疗水平，以医疗支出占国内生产总值的比重来体现，度量单位：%。 一般而言，医疗支出占国内生产总值的比重越高，医疗水平越好。
rgdp	表示人均国内生产总值，反映出经济的繁荣程度，度量单位：美元/人数。 一般而言，人均国内生产总值越大，经济越繁荣。
aviation	表示经济发展活跃程度，以航空客运量来体现，度量单位：人数。 一般而言，航空客运量越大，经济发展越活跃。

变量名称符号	变量含义
town	表示城镇化水平，以城镇人口比重来体现，度量单位:%。 一般而言，城镇人口比重越高，城镇化水平越高。
old	表示老龄化程度，以65岁及以上人口所占比重来体现，度量单位:%。 一般而言，65岁及以上人口所占比重越高，老龄化程度越高。
women	表示劳动力人口的再生产状况，以女性人口比重来体现，度量单位:%。 一般而言，人口的再生产主要通过母亲（女性）来实现，女性的人口比重越高，劳动力人口的再生产能力越强。
third	表示产业结构发展状况，以第三产业增加值占GDP的比重来体现，度量单位:%。 一般而言，第三产业增加值占GDP的比重越高，产业结构的高级化程度越高。
density	表示人口密度，以每平方千米的人口数来表示。 一般而言，每平方千米的人口数越多，人口密度越大。
credit	表示金融发展状况，以银行部门国内信贷占GDP的比重来体现，度量单位:%。 一般而言，银行部门国内信贷占GDP的比重越多，金融越发达。
gdpr	表示经济增长速度，以GDP的增长速度来表示，度量单位:%。 一般而言，GDP的增长速度越大，经济增长速度越快。

资料来源：本章整理。

（四）回归结果分析

1. 不包含控制变量的回归

不考虑控制变量对劳动力人口增长速度的影响，只考虑"一带一路"共建国家技术进步增长速度对劳动力人口增长速度影响，回归结果如表1-2所示。表1-2中TV的回归系数为0.295 193 7，且通过1%的显著性水平检验。这说明：在不考虑其他因素影响时，1998年至2017年"一带一路"共建国家的技术进步增长速度与劳动力人口增长速度显著正相关，也就是"一带一路"共建国家的技术进步促进了劳动力人口增长。

表 1-2　不考虑控制变量的回归结果

被解释变量 LV	回归系数及显著性
TV	0.295 193 7*** （24.98）
常数项	0.004 492 4 （0.41）

注：括号里的数据为 t 值。***表示通过 1% 的显著性水平检验，**表示通过 5% 的显著性水平检验，*表示通过 10% 的显著性水平检验。

2. 考虑控制变量的回归

除了技术进步增长速度对劳动力人口增长速度产生影响外，是否还存在其他因素也会对劳动力人口增长速度产生影响呢？因此，有必要考虑包含控制变量的回归分析。相关回归结果，如表 1-3 所示。表 1-3 中，TV 的回归系数为 0.294 823 3，且通过 1% 的显著性水平检验，这表明：在考虑控制变量影响时，1998 年至 2017 年"一带一路"共建国家的技术进步增长速度与劳动力人口增长速度仍然存在显著的正相关性。表 1-3 中，med 的回归系数为 -0.011 065 5，且通过 10% 的显著性水平检验，这说明 1998 年至 2017 年"一带一路"共建国家的医疗水平与劳动力人口增长速度之间存在显著的负相关性，也就是"一带一路"共建国家的医疗水平的提高反而抑制了劳动力人口的增长速度。表 1-3 中，gdpr 的回归系数为 -0.004 442 6，且通过 10% 的显著性水平检验，这说明 1998 年至 2017 年"一带一路"共建国家的经济增长速度与劳动力人口增长速度之间存在显著的负相关性。

表 1-3　考虑控制变量的回归结果

被解释变量 LV	回归系数及显著性
TV	0.294 823 3*** （24.80）
med	-0.011 065 5* （-1.67）

续表

被解释变量 LV	回归系数及显著性
rgdp	$-3.47\text{e}-06$ (-1.12)
rgdp^2	$5.16\text{e}-11$ (1.03)
aviation	$-2.78\text{e}-11$ (-0.08)
old	$0.004\ 291\ 9$ (1.23)
women	$-0.002\ 950\ 5$ (-0.63)
town	$-0.000\ 315\ 7$ (-0.42)
third	$-0.000\ 276\ 9$ (-0.22)
density	$0.000\ 146$ (0.47)
credit	$0.000\ 187\ 3$ (0.46)
gdpr	$-0.004\ 442\ 6^*$ (-1.92)
women _ density	$-2.95\text{e}-06$ (-0.48)
常数项	$0.241\ 303\ 7$ (1.02)

注：括号里的数据为 t 值。***表示通过 1%的显著性水平检验，**表示通过 5%的显著性水平检验，*表示通过 10%的显著性水平检验。rgdp^2 表示 rgdp 的平方项。women _ density 表示 women 和 density 的交互项。表 1-3 中第 4 行第 2 列中 $-3.47\text{e}-06=-0.000\ 003\ 47$，表 1-3 至表 1-11 中出现的类似数据（含 e）采用同样分析方法。

3. 滞后效应检验

表 1-3 显示的是当期的技术进步增长速度对当期的劳动力人口增长速度的数量影响，那么滞后期的技术进步增长速度会不会对当期的劳动力人口增长速度产生影响呢？因此，有必要进行滞后性检验，表 1-4 是滞后性检验的回归结果，表中 TV_ 1 表示滞后一期的技术进步增长速度变量。TV_ 1 的回归系数为负数，但没有通过 10% 的显著性检验。这表明：1998 年至 2017 年"一带一路"共建国家的技术进步增长速度对劳动力人口增长速度的影响并不存在显著的滞后效应。

表 1-4　滞后性检验的回归结果

被解释变量 LV	回归系数及显著性
TV_ 1	−0.004 411 8 (−0.30)
med	−0.007 522 9 (−0.91)
rgdp	−4.29e−06 (−1.11)
$rgdp^2$	7.32e−11 (1.16)
aviation	1.37e−10 (0.31)
old	0.007 596 8* (1.73)
women	−0.002 169 1 (−0.37)
town	−0.000 884 8 (−0.93)
third	−0.001 701 1 (−1.06)

续表

被解释变量 LV	回归系数及显著性
density	0.000 146 （0.47）
credit	0.000 225 5 （1.43）
gdpr	−0.005 663 1* （−1.95）
women _ density	−4.37e−06 （−0.56）
常数项	0.236 226 3 （0.80）

注：括号里的数据为 t 值。***表示通过 1% 的显著性水平检验，**表示通过 5% 的显著性水平检验，*表示通过 10% 的显著性水平检验。$rgdp^2$ 表示 rgdp 的平方项，women _ density 表示 women 和 density 的交互项。

4. 二次函数关系检验（U 型或倒 U 型曲线关系检验）

表 1-2 和表 1-3 的回归结果充分显示出：1998 年至 2017 年"一带一路"共建国家的技术进步增长速度与劳动力人口增长速度存在显著的正相关性，也就是存在显著的线性关系，那么两者之间是否还存在显著的二次函数关系呢？也就是两者之间是否还存在显著的 U 型或倒 U 型曲线关系呢？因此，有必要进行二次函数关系检验，表 1-5 是对应的回归结果，表 1-5 中 TV^2 表示 TV 的平方项。TV^2 的回归系数为 0.000 826 1，但并没有通过显著性检验。这表明 1998 年至 2017 年"一带一路"共建国家的技术进步增长速度与劳动力人口增长速度不存在显著的 U 型或倒 U 型曲线关系，进一步说明技术进步增长速度与劳动力人口增长速度存在显著的线性关系的可靠性。

表1-5 二次函数关系检验的回归结果

被解释变量 LV	回归系数及显著性
TV^2	0.000 826 1 (0.74)
med	−0.008 639 5 (−1.07)
rgdp	−3.76e−06 (−1.00)
$rgdp^2$	4.81e−11 (0.79)
aviation	7.78e−12 (0.02)
old	0.007 576 2* (1.78)
women	−0.005 799 5 (−1.02)
town	−0.000 603 5 (−0.66)
third	−0.001 333 8 (−0.86)
density	0.000 173 9 (0.47)
credit	0.000 805 8 (1.62)
gdpr	−0.005 135 3* (−1.83)
women _ density	−3.36e−06 (−0.45)

续表

被解释变量 LV	回归系数及显著性
常数项	0.390 098 3
	（1.37）

注：括号里的数据为 t 值。*** 表示通过 1% 的显著性水平检验，** 表示通过 5% 的显著性水平检验，* 表示通过 10% 的显著性水平检验。$rgdp^2$ 表示 rgdp 的平方项。women_density 表示 women 和 density 的交互项。

5. 交互项检验

交互项检验可以度量到技术进步增长速度对劳动力人口增长速度的促进作用受其他控制变量的影响程度。在计量模型（9）的基础上增加 TV 的交互项进行回归分析，表 1-6 为交互项检验的回归结果。

表 1-6 交互项检验的回归结果

被解释变量 LV	回归系数及显著性	回归系数及显著性	回归系数及显著性	回归系数及显著性	回归系数及显著性	回归系数及显著性	回归系数及显著性	回归系数及显著性	回归系数及显著性	回归系数及显著性
TV	0.2626***	0.3102***	0.2674***	0.0129***	−0.5471***	−0.5471***	0.4343***	0.3008***	0.2785***	0.2885***
	（7.77）	（23.36）	（2.80）	（4.19）	（−2.65）	（−2.65）	（9.64）	（22.15）	（16.33）	（20.20）
TV_med	0.0065									
	（1.01）									
TV_rgdp		−3.76e−06***								
		（−2.58）								
TV_aviation			1.46e−09***							
			（2.80）							
TV_old				0.012 98***						
				（4.19）						
TV_women					0.0170***					
					（4.08）					
TV_town						0.0170***				
						（4.08）				
TV_third							−0.0028***			
							（−3.21）			
TV_density								−0.0001		
								（−0.92）		

续表

被解释变量 LV	回归系数及显著性	回归系数及显著性	回归系数及显著性	回归系数及显著性	回归系数及显著性	回归系数及显著性	回归系数及显著性	回归系数及显著性	回归系数及显著性	回归系数及显著性
TV_ credit								0.0003 (1.33)		
TV_ gdpr									0.0013 (0.79)	

注：表1-6中第2列至第11列中的每一列，为 TV 及 TV 的交互项的回归系数及显著性。

表1-6中，TV_ rgdp 的回归系数为负数，且通过1%的显著性水平检验，这说明：经济越发达，技术进步增长速度对劳动力人口增长速度的促进作用越小，也就是经济发展程度的提高抑制了技术进步增长速度对劳动力人口增长速度的作用大小；TV_ aviation 的回归系数为正数，且通过1%的显著性水平检验，这说明：经济活跃程度的提高，会导致技术进步增长速度对劳动力人口增长速度的促进作用提高；TV_ old 的回归系数为正数，且通过1%的显著性水平检验，这说明：人口老龄化程度的提高，会导致技术进步增长速度对劳动力人口增长速度的促进作用提高；TV_ women 的回归系数为正数，且通过1%的显著性水平检验，这说明：劳动力人口的再生产能力的增强，会导致技术进步增长速度对劳动力人口增长速度的促进作用提高；TV_ town 的回归系数为正数，且通过1%的显著性水平检验，这说明：城镇化水平的提高，会导致技术进步增长速度对劳动力人口增长速度的促进作用提高；TV_ third 的回归系数为负数，且通过1%的显著性水平检验，这说明：随着产业结构高级化程度的提高，会导致技术进步增长速度对劳动力人口增长速度的促进作用降低，也就是产业结构的高级化程度的提高会抑制技术进步增长速度对劳动力人口增长速度的促进作用大小；TV_ med、TV_ density、TV_ credit 和 TV_ gdpr 的回归系数并没有通过10%的显著性水平检验。这说明：1998年至2017年"一带一路"共建国家的技术进步增长速度对劳动力人口增长速度的影响程度不受医疗水平、人口密度、金融发展状况、经济增长速度的显著影响。

6. 分段回归检验

（1）按时间的分段回归分析

2013 年中国提出"一带一路"倡议，本章将 2013 年作为按时间分段回归的临界年份，以检验 2013 年前后"一带一路"共建国家的技术进步增长速度对劳动力人口增长速度的影响是否存在显著差异。

表 1-7 中第 2 列 TV 的回归系数为 0.302 567 5，且通过 1% 的显著性水平检验；第 3 列 TV 的回归系数为 -0.003 868 6。这说明在"一带一路"倡议实施之前，"一带一路"共建国家的技术进步增长速度与劳动力人口增长速度存在显著正相关性，也就是"一带一路"倡议实施之前"一带一路"共建国家的技术进步增长速度会显著提高劳动力人口增长速度；在"一带一路"倡议实施之后，"一带一路"共建国家的技术进步增长速度与劳动力人口增长速度存在的显著正相关性不再成立。因此，2013 年前后"一带一路"共建国家的技术进步增长速度对劳动力人口增长速度的影响存在显著差异。

表 1-7　2013 年前后技术进步增长速度对劳动力人口增长速度影响的回归分析

被解释变量 LV	2013 年之前的回归 系数及显著性	2013 年之后的回归 系数及显著性
TV	0.302 567 5 *** (22.58)	-0.003 868 6 (-1.34)
med	-0.016 151 7 * (-1.76)	0.000 642 2 (1.38)
rgdp	-5.24e-06 (-1.30)	2.35e-07 (0.98)
$rgdp^2$	7.91e-11 (1.16)	-1.11e-12 (-0.32)
aviation	3.60e-11 (0.06)	-4.17e-12 (-0.22)
old	0.006 671 1 (1.43)	-0.002 255 9 *** (-9.10)

续表

被解释变量 LV	2013 年之前的回归系数及显著性	2013 年之后的回归系数及显著性
women	−0.005 491 (−0.90)	−0.000 423 8 (−1.23)
town	−0.000 489 1 (−0.53)	0.000 080 8 (1.15)
third	−0.000 092 1 (−0.05)	0.000 199 8 ** (1.99)
density	0.000 129 8 (0.29)	−0.000 025 7 (−1.33)
credit	0.000 254 3 (0.47)	−0.000 033 3 (−1.06)
gdpr	−0.005 262 2 * (−1.85)	0.000 045 7 (0.20)
women _ density	−2.62e−06 (−0.29)	5.11e−07 (1.31)
常数项	0.386 132 9 (1.26)	0.035 096 3 ** (2.00)

注：括号里的数据为 t 值。*** 表示通过 1% 的显著性水平检验，** 表示通过 5% 的显著性水平检验，* 表示通过 10% 的显著性水平检验。$rgdp^2$ 表示 rgdp 的平方项。women _ density 表示 women 和 density 的交互项。

2008 年爆发了全球经济危机，本章将 2008 年作为按时间分段回归的临界年份，以检验全球经济危机前后"一带一路"共建国家的技术进步增长速度对劳动力人口增长速度的影响是否存在显著差异，表 1-8 为相关回归结果。

表 1-8 中第 2 列 TV 的回归系数为 0.312 867 7，且通过 1% 的显著性水平检验；第 3 列 TV 的回归系数为−0.002 476 5。这说明在全球经济危机爆发之前，"一带一路"共建国家的技术进步增长速度与劳动力人口增长速度存在显

著正相关性,也就是在全球经济危机爆发之前"一带一路"共建国家的技术进步增长速度会显著提高劳动力人口增长速度;在全球经济危机爆发之后,"一带一路"共建国家的技术进步增长速度与劳动力人口增长速度存在的显著正相关性不再成立。因此,全球经济危机爆发前后"一带一路"共建国家的技术进步增长速度对劳动力人口增长速度的影响存在显著差异。

表1-8 2008年前后技术进步增长速度对劳动力人口增长速度影响的回归分析

被解释变量 LV	2008 年之前的 回归系数及显著性	2008 年之后的 回归系数及显著性
TV	0.312 867 7 *** (18.95)	−0.002 476 5 (−1.19)
med	−0.026 654 3 * (−1.96)	0.000 054 9 (0.14)
rgdp	−0.000 011 5 (−1.60)	0.000 000 504 *** (2.64)
$rgdp^2$	2.01e-10 (0.35)	−5.75e-12 ** (−1.99)
aviation	4.95e-11 (0.35)	−2.61e-11 (−1.47)
old	0.012 667 9 * (1.70)	−0.002 164 1 *** (−10.42)
women	−0.009 366 6 (−0.92)	−0.001 663 7 *** (−6.23)
town	−0.000 539 2 (−0.40)	0.000 150 1 *** (2.83)
third	−0.000 264 4 (−0.10)	0.000 121 4 (1.50)
density	0.000 106 1 (0.11)	−0.000 044 2 *** (−2.81)

被解释变量 LV	2008 年之前的回归系数及显著性	2008 年之后的回归系数及显著性
credit	0.000 465 8 (0.52)	−0.000 043 2* (−1.75)
gdpr	−0.007 320 9* (−1.77)	0.000 393** (2.41)
women _ density	−2.16e-06 (−0.11)	0.000 000 893*** (2.83)
常数项	0.620 437 5 (1.21)	0.099 333 5*** (7.37)

注：括号里的数据为 t 值。***表示通过 1%的显著性水平检验，**表示通过 5%的显著性水平检验，*表示通过 10%的显著性水平检验。rgdp^2 表示 rgdp 的平方项。women _ density 表示 women 和 density 的交互项。

（2）按地理空间的分段回归分析

基于样本的地理空间位置，根据样本是否属于中国，本章将所有样本划分为两大类，一类是仅包含中国的样本，另一类是中国之外的样本。表 1-9 是按照地理空间分段的回归结果。

表 1-9 中第 2 列 TV 的回归系数为 0.391 603，且通过 1%的显著性水平检验。这说明 1998 年至 2017 年中国的技术进步增长速度与劳动力人口增长速度存在显著正相关性。表 1-9 中第 3 列 TV 的回归系数为 0.294 902 5，且通过 1%的显著性水平检验。这说明 1998 年至 2017 年"一带一路"共建国家中中国之外的国家的技术进步增长速度与劳动力人口增长速度也存在显著正相关性。由于 0.391 603 大于 0.294 902 5，这说明 1998 年至 2017 年中国技术进步增长速度对劳动力人口增长速度的推动作用要大于"一带一路"其他共建国家的技术进步增长速度对劳动力人口增长速度的推动作用。

表 1-9 中国与其他国家（中国之外国家）技术进步增长速度
对劳动力人口增长速度影响分析

被解释变量 LV	中国的回归系数及显著性	中国之外国家的回归系数及显著性
TV	0. 391 600 3 *** （78. 46）	0. 294 920 5 *** （24. 63）
med	−0. 145 775 2 （−1. 49）	−0. 011 202 2 * （−1. 67）
rgdp	−0. 000 054 7 （0. 71）	−3. 37e−06 （−1. 08）
rgdp^2	3. 75e−09 （0. 66）	5. 02e−11 （0. 99）
aviation	−3. 52e−10 （−0. 42）	−2. 28e−11 （−0. 06）
old	−0. 005 954 9 （−0. 03）	0. 004 472 6 （1. 25）
women	0. 034 736 5 （−0. 00）	−0. 003 127 6 （−0. 66）
town	−0. 131 121 3 （−1. 50）	−0. 000 370 3 （−0. 48）
third	−0. 008 801 4 （−0. 81）	−0. 000 258 1 （−0. 20）
density	0. 175 722 2 （0. 07）	0. 000 146 9 （0. 47）
credit	0. 000 383 16 （1. 80）	0. 000 181 1 （0. 44）
gdpr	−0. 000 660 6 （−0. 15）	−0. 004 490 4 * （−1. 92）

被解释变量 LV	中国的回归系数及显著性	中国之外国家的回归系数及显著性
women _ density	0. 000 229 1 (0. 00)	-2. 96e-06 (-0. 48)
常数项	-21. 147 07 (-0. 06)	0. 250 587 3 (1. 05)

注:括号里的数据为 t 值。*** 表示通过 1% 的显著性水平检验,** 表示通过 5% 的显著性水平检验,* 表示通过 10% 的显著性水平检验。rgdp^2 表示 rgdp 的平方项。women _ density 表示 women 和 density 的交互项。

"一带一路"是"丝绸之路经济带"和"21 世纪海上丝绸之路"的简称。基于样本的地理空间位置,本章将所有样本划分为两大类,一类样本是"丝绸之路经济带"国家的集合,另一类样本是"21 世纪海上丝绸之路"国家的集合。

表 1-10 是"丝绸之路经济带"国家与"21 世纪海上丝绸之路"国家的回归结果。表 1-10 中第 2 列 TV 的回归系数为 0. 352 204 9,且通过 1% 的显著性水平检验。这说明 1998 年至 2017 年"丝绸之路经济带"国家的技术进步增长速度与劳动力人口增长速度存在显著正相关性。表 1-10 中第 3 列 TV 的回归系数为 0. 235 936 3,且通过 1% 的显著性水平检验。这说明 1998 年至 2017 年"21 世纪海上丝绸之路"国家的技术进步增长速度与劳动力人口增长速度存在显著正相关性。由于 0. 352 204 9 大于 0. 235 936 3,这说明 1998 年至 2017 年"丝绸之路经济带"国家的技术进步增长速度对劳动力人口增长速度的推动作用要大于"21 世纪海上丝绸之路"国家的技术进步增长速度对劳动力人口增长速度的推动作用。

表 1-10 "丝绸之路经济带"和"21 世纪海上丝绸之路"的回归分析

被解释变量 LV	"丝绸之路经济带"的回归系数及显著性	"21 世纪海上丝绸之路"的回归系数及显著性
TV	0.352 204 9 *** (24.79)	0.235 936 3 *** (13.49)
med	−0.016 022 7 (−1.63)	−0.002 866 (−0.27)
rgdp	−0.40e−06 (−0.72)	9.44e−07 (0.23)
rgdp^2	7.84e−11 (0.82)	−6.57e−13 (−0.01)
aviation	3.69e−10 (0.90)	5.10e−12 (0.01)
old	0.000 220 4 (0.04)	−0.001 365 6 (−0.27)
women	−0.001 522 7 (−0.10)	0.000 293 9 (0.06)
town	−0.000 313 4 (−0.28)	−0.000 480 8 (−0.48)
third	0.002 331 8 (1.25)	−0.001 696 7 (−1.13)
density	0.000 090 9 (0.09)	0.000 032 6 (0.09)
credit	−0.000 492 (−0.87)	0.000 626 5 (1.24)
gdpr	−0.005 653 1 * (−1.73)	−0.004 032 9 (−1.62)

续表

被解释变量 LV	"丝绸之路经济带"的 回归系数及显著性	"21 世纪海上丝绸之路"的 回归系数及显著性
women _ density	-2.13e-06 (-0.11)	-1.36e-07 (-0.02)
常数项	0.134 828 6 (0.18)	0.096 026 3 (0.37)

注：括号里的数据为 t 值。***表示通过 1%的显著性水平检验，**表示通过 5%的显著性水平检验，*表示通过 10%的显著性水平检验。$rgdp^2$ 表示 rgdp 的平方项。women _ density 表示 women 和 density 的交互项。

为检验技术进步增长速度与劳动力人口增长速度是否存在相互影响关系，本章进行了内生性检验。本章以技术进步增长速度 TV 为被解释变量，劳动力人口增长速度 LV 为解释变量进行回归分析，回归结果如表 1-11 所示。表 1-11 中第 2 列 LV 的回归系数为 1.087 862，且通过 1%的显著性水平检验。这说明 1998 年至 2017 年"丝绸之路经济带"国家的劳动力人口增长速度会显著提高技术进步增长速度，也就是 1998 年至 2017 年"丝绸之路经济带"国家的技术进步增长速度与劳动力人口增长速度存在相互影响关系，进而说明存在内生性。

表 1-11　内生性检验的回归结果

被解释变量 TV	回归系数及显著性
LV	1.087 862 *** (24.80)
med	0.017 507 (1.37)
rgdp	0.000 002 84 (0.48)

续表

被解释变量 TV	回归系数及显著性
$rgdp^2$	$-6.12e{-}11$ (-0.63)
aviation	$1.11e{-}10$ (0.16)
old	$0.002\ 869\ 3$ (0.43)
women	$-0.003\ 389\ 3$ (-0.38)
town	$-0.000\ 289\ 3$ (-0.20)
third	$-0.002\ 169\ 6$ (-0.88)
density	$0.000\ 097\ 2$ (-0.16)
credit	$0.001\ 251\ 3$ (1.59)
gdpr	$-0.003\ 174\ 6$ (0.71)
women _ density	$0.000\ 002\ 3$ (0.19)
常数项	$0.085\ 517\ 3$ (0.19)

注：括号里的数据为 t 值。***表示通过 1%的显著性水平检验,**表示通过 5%的显著性水平检验,*表示通过 10%的显著性水平检验。$rgdp^2$ 表示 rgdp 的平方项。women _ density 表示 women 和 density 的交互项。

本章采用工具变量法来消除内生性。本章采用滞后一期的人均 GDP 增长速度变量 gv_ 1 作为工具变量来代替技术进步增长速度 TV 进行回归分析[1]。回归结果显示，gv_ 1 的回归系数为 0.002 708 6。这表明表 1-3 中 TV 回归系数及显著性是稳健的，也就是 1998 年至 2017 年"一带一路"共建国家的技术进步增长速度会显著提高劳动力人口增长速度的研究结论是可靠的。

第四节 对计量回归结果的解释

本章从以下三个不同视角对本章计量研究的结论进行解释。

1. 基于技术进步对不同产业类型劳动力人口数量差异化影响视角的解释。本章将产业类型划分为两大类，一类是技术进步发生后所催生的新产业，另一类是技术进步发生之前就存在的传统产业。技术进步一方面会催生新产业的出现，而新产业的出现必然增加新的劳动力需求，这就是技术进步的劳动力人口增加效应；同时，技术进步另一方面会淘汰相关传统产业，而相关传统产业的淘汰必然导致工人下岗，从而减少劳动力就业人口数量，这就是技术进步的劳动力人口减少效应。当技术进步的劳动力人口增加效应大于技术进步的劳动力人口减少效应时，技术进步会促进劳动力人口增长；当技术进步的劳动力人口增加效应小于技术进步的劳动力人口减少效应时，技术进步会减少劳动力人口增长。

本章认为，1998 年至 2008 年"一带一路"共建国家的技术进步的劳动力人口增加效应占主导，也就是在 1998 年至 2008 年"一带一路"共建国家的技术进步会促进劳动力人口增长。在 2008 年至 2017，"一带一路"共建国家的技术进步的劳动力人口增加效应不再占主导，也就是在 2008 年至 2017 年"一带一路"共建国家的技术进步并没有促进劳动力人口增长。

2. 基于不同类型技术进步对劳动力人口数量差异化影响视角的解释。技术进步可以划分为两大类，一类是劳动吸纳型技术进步，另一类是劳动排斥型技术进步。劳动吸纳型技术进步会增加劳动力人口数量，劳动排斥型技术进步会减少劳动力人口数量。当经济社会是以劳动吸纳型技术进步为主、以劳动排斥型技术进步为辅时，技术进步会增加经济社会的劳动力人口数量；

---

[1] 滞后一期的人均 GDP 增长速度与技术进步增长速度高度相关，而与误差项无关，因此滞后一期的人均 GDP 增长速度变量可以作为技术进步增长速度变量的工具变量。

当经济社会是以劳动排斥型技术进步为主、以劳动吸纳型技术进步为辅时，技术进步会减少经济社会的劳动力人口数量；当经济社会既不是以劳动吸纳型技术进步为主，也不是以劳动排斥型技术进步为主时，技术进步不会改变经济社会的劳动力人口数量。

本章认为，1998 年至 2008 年"一带一路"共建国家以劳动吸纳型技术进步为主，因此，在 1998 年至 2008 年"一带一路"共建国家的技术进步会促进劳动力人口增长。在 2008 年至 2017 年"一带一路"共建国家不再以劳动吸纳型技术进步为主，因此，在 2008 年至 2017 年"一带一路"共建国家的技术进步并没有促进劳动力人口增长。

3. 技术进步对劳动力人口总量的替代效应和补偿效应视角的解释。技术进步对劳动力人口总量的替代效应：技术进步会提高劳动生产率，导致单位产品生产所需的劳动力减少，进而导致劳动力人口总量减少。技术进步对劳动力人口总量的补偿效应：技术进步会降低单位产品的生产成本，导致单位产品的价格降低，而单位产品价格的降低会导致产品需求总量增加，而产品需求总量增加会导致企业扩大生产规模，进而增加劳动力人口数量。当技术进步对劳动力人口总量的替代效应占主导时，技术进步会减少劳动力人口数量；当技术进步对劳动力人口总量的补偿效应占主导时，技术进步会增加劳动力人口数量；当技术进步对劳动力人口总量的替代效应和补偿效应均不占主导时，技术进步不会改变劳动力人口数量。

本章认为，1998 年至 2008 年"一带一路"共建国家技术进步对劳动力人口总量的补偿效应占主导，因此，在 1998 年至 2008 年"一带一路"共建国家的技术进步会促进劳动力人口增长。在 2008 年至 2017 年"一带一路"共建国家技术进步对劳动力人口总量的补偿效应不再占主导，因此，在 2008 年至 2017 年"一带一路"共建国家的技术进步并没有促进劳动力人口增长。

第五节 本章小结

本章基于克雷默（1993）的内生知识增长模型从理论上论证技术进步与劳动力人口之间的数量关系，研究发现，技术进步增长速度越大，则劳动力人口增长速度也越大。

本章运用 1998 年至 2017 年"一带一路"共建国家的面板数据进行实证

检验，研究发现：1998 年至 2017 年"一带一路"共建国家的技术进步增长速度与劳动力人口增长速度存在显著正相关性，技术进步增长速度每增加 1%，劳动力人口增长速度将增加 0.294 823 3%。

本章的分段回归研究发现：1998 年至 2017 年"一带一路"共建国家的技术进步增长速度与劳动力人口增长速度存在显著正相关性的研究结论，对于中国而言是成立的，对于除中国之外的"一带一路"共建国家而言也成立；该结论对于"丝绸之路经济带"国家而言是成立的，对于"21 世纪海上丝绸之路"国家而言也成立。

本章的分段回归研究还发现："丝绸之路经济带"国家的技术进步增长速度对劳动力人口增长速度的促进作用，要大于"21 世纪海上丝绸之路"国家的技术进步增长速度对劳动力人口增长速度的促进作用；中国技术进步增长速度对劳动力人口增长速度的推动作用，要大于"一带一路"其他共建国家的技术进步增长速度对劳动力人口增长速度的推动作用。

人口密度与经济增长之间是否存在倒 U 型曲线关系

——基于"一带一路"共建国家的分析

第一节　问题的提出

探究经济增长的影响因素，一直是经济学领域的核心问题之一。找到促进经济增长的影响因素，消除不利于经济增长的影响因素，可以推动一国的经济增长，造福人类社会。

威廉姆森（Williamson）指出，空间集聚在经济发展的初级阶段是有利于经济增长的，但当空间集聚达到某一门槛值后，空间集聚是不利于经济增长的。该研究被后来的学者称为威廉姆森假说，充分显示了空间集聚与经济增长之间的倒 U 型曲线关系。那么由人口的空间集聚所形成的人口密度的增加也会导致经济增长出现倒 U 型曲线关系吗？本章主要研究人口密度与经济增长之间的数量关系，主要回答以下几个问题：人口密度对经济增长有没有影响？如果有影响，又是如何影响？人口密度与经济增长之间是否存在倒 U 型曲线关系？

我国学者关于人口密度与经济增长之间数量关系的研究，主要有两类研究结论。

第一类研究认为人口密度与经济增长之间存在显著的正相关性，人口密度与经济增长之间是线性关系。钟粤俊、陆铭、奚锡灿（2020）研究发现，人口密度的增加显著促进了我国服务业的发展。吴昊、赵阳（2020）研究发现，人口集聚所引起的人口密度的增加会显著增加劳动生产率，从而促进经济的高质量发展。任啸辰、傅程远（2019）基于中国 2006 年至 2017 年的大中城市面板数据研究发现，人口密度与城市房价之间存在显著的正相关性。彭昱、周尹（2016）采用中国 2006 年至 2015 年 289 个地级市面板数据研究发现，人口密度的增加对服务业有显著正向影响。Ottaviano 和 Pinelli（2006）采用芬兰的数据发现，人口密度的增加对经济增长具有正效应。

第二类研究结论认为人口密度与经济增长之间存在显著的倒 U 型曲线关系，人口密度与经济增长之间是非线性关系。曾永明、张利国（2017）基于全球 126 个国家的 1992 年~2012 年的空间面板数据证实人口密度与经济增长存在倒"U"型关系。蔡昉、王美艳、都阳（2001）指出，在一定条件下，人口密度的增加会促进地区经济发展，但当人口密度过大时会对地区经济发展带来负面影响。王智勇（2018）基于 1989 年~2015 年中国地级市面板数据的研究发现，人口密度与经济增长之间存在倒 U 型曲线关系。

本章的创新性体现：（1）学术界并没有找到人口密度与经济增长之间存在正相关或倒 U 型曲线关系的数理基础，只是采用相关国家的人口密度和经济增长数据进行回归检验，本章基于 CES 生产函数，运用泰勒级数展开式对人口密度与经济增长之间的数量关系进行了数学推导，弥补了已有文献的不足；（2）关于人口密度与经济增长之间的实证研究，已有文献缺乏以"一带一路"区域为对象的研究，本章的研究无疑是对已有文献的一个拓展；（3）本章计算出"一带一路"共建国家的最佳人口密度数据。

本章结构安排如下：第一部分为问题的提出，第二部分为人口密度与经济增长的数理模型，第三部分为人口密度对经济增长的影响效应分析，第四部分为一个校准分析，第五部分为人口密度与经济增长数量关系的计量模型研究设计，第六部分为人口密度与人均国内生产总值（经济增长）之间存在倒 U 型曲线关系的一个经济学解释，第七部分为研究结论。

第二节 人口密度与经济增长的数理模型

生产函数采用 CES 生产函数形式：

$$Y_t = A_t \left(\alpha L_t^{-\rho} + (1 - \alpha) T_t^{-\rho} \right)^{-\frac{n}{\rho}} \tag{1}$$

Y_t 表示第 t 期的总产量，A_t 表示第 t 期的技术水平，L_t 表示第 t 期的劳动投入量，T_t 表示第 t 期的土地存量面积；Y_t、A_t 和 T_t 均大于 0；α 为要素分配系数，

满足 $0 < \alpha < 1$；ρ 为替代参数，满足 $\rho \geq 0$，$\rho = 0$ 意味着劳动与土地体现出完全的互补性，$\rho > 0$ 意味着劳动与土地既体现出竞争性又体现出互补性（劳动与土地不是完全互补关系）；n 为规模报酬参数，满足 $n > 0$。

对式（1）两边取自然对数得到：

$$\ln Y_t = \ln A_t - (n/\rho)\ln[\alpha L_t^{-\rho} + (1 - \alpha) T_t^{-\rho}] \tag{2}$$

对式（2）中的 $\ln[\alpha L_t^{-\rho} + (1 - \alpha) T_t^{-\rho}]$ 在 $\rho = 0$ 处按泰勒级数展开，并取 0 阶、1 阶和 2 阶项，然后代入（2），得到：

$$\ln Y_t = \ln A_t + \ln T_t + \alpha n \ln \frac{L_t}{T_t} - \frac{1}{2}\rho n\alpha(1 - \alpha)\left[\ln\left(\frac{L_t}{T_t}\right)\right]^2 \tag{3}$$

式（3）中 $\dfrac{L_t}{T_t}$ 为单位土地面积所对应的人口数量，即人口密度，令 $\dfrac{L_t}{T_t} = \eta_t$，则式（3）可以表示：

$$\ln Y_t = \ln A_t + \ln T_t + \alpha n \ln \eta_t - \frac{1}{2}\rho n\alpha(1 - \alpha)(\ln \eta_t)^2 \tag{4}$$

由于 $0 < \alpha < 1$、$n > 0$、$\rho \geq 0$，由式（4）可知：

当 $\rho > 0$ 时，$-\dfrac{1}{2}\rho n\alpha(1 - \alpha) < 0$，则 $\ln Y_t$ 与 $\ln \eta_t$ 是倒 U 型曲线关系。也就是当劳动与土地之间既体现出竞争关系又体现出互补关系时，随着 $\ln \eta_t$ 的增加，$\ln Y_t$ 先增加后减少。

当 $\rho = 0$ 时，$-\dfrac{1}{2}\rho n\alpha(1 - \alpha) = 0$，则再结合式（4）中 $\ln \eta_t$ 的系数 αn 大于 0，则 $\ln Y_t$ 与 $\ln \eta_t$ 是向右上方倾斜的线性关系，也就是 $\ln Y_t$ 与 $\ln \eta_t$ 呈正的线性相关性。也就是当劳动与土地体现出完全的互补关系时，随着 $\ln \eta_t$ 的增加，$\ln Y_t$ 一直增加。

由于 $\ln Y_t = \ln(y_t \times L_t) = \ln y_t + \ln L_t$，其中 y_t 为第 t 期的人均产量，则式（4）可以转化为：

$$\ln y_t = \ln A_t + \ln T_t - \ln L_t + \alpha n \ln \eta_t - \frac{1}{2}\rho n\alpha(1 - \alpha)(\ln \eta_t)^2 \tag{5}$$

式（5）可以进一步化简：

$$\ln y_t = \ln A_t + (\alpha n - 1)\ln \eta_t - \frac{1}{2}\rho n\alpha(1 - \alpha)(\ln \eta_t)^2 \tag{6}$$

由式（6）可知：

当 $\rho > 0$ 时，$-\dfrac{1}{2}\rho n\alpha(1-\alpha) < 0$，则 $\ln y_t$ 与 $\ln \eta_t$ 是倒 U 型曲线关系。也就是当劳动与土地之间既体现出竞争关系又体现出互补关系时，随着 $\ln \eta_t$ 的增加，$\ln y_t$ 先增加后减少。$\ln y_t$ 与 $\ln \eta_t$ 是倒 U 型曲线关系，意味着 y_t 与 η_t 也是倒 U 型曲线关系，也就是当劳动与土地之间既体现出竞争关系又体现出互补关系时，随着 η_t 的增加，y_t 先增加后减少。

当 $\rho = 0$ 时，$-\dfrac{1}{2}\rho n\alpha(1-\alpha) = 0$，则（6）可知，当 $\alpha n - 1 > 0$ 时，则 $\ln y_t$ 与 $\ln \eta_t$ 是向右上方倾斜的线性关系。也就是，当劳动与土地体现出完全的互补关系且满足 $\alpha n - 1 > 0$ 时，随着 $\ln \eta_t$ 的增加，$\ln y_t$ 是向右上方倾斜的线性关系意味着，随着 η_t 的增加，y_t 一直增加。

第三节　人口密度对经济增长的影响效应分析

（一）集聚效应与拥挤效应

本节认为，人口密度增加对经济增长会同时产生两种效应，一是集聚效应，二是拥挤效应。其中，集聚效应有利于经济增长，会提高人均 GDP；拥挤效应不利于经济增长，会降低人均 GDP。

由于土地存量固定不变，人口密度增加意味着劳动力人口增加。当劳动与土地是互补关系时，人口密度增加会形成集聚效应；当劳动与土地是竞争关系时，人口密度增加会形成拥挤效应；当劳动与土地既体现出互补关系又体现出竞争关系时，集聚效应和拥挤效应会同时存在。

（二）人口密度与经济增长数量关系形成机制分析

根据劳动与土地之间的替代弹性的数量关系（$\rho \geq 0$），本节分两种情形讨论人口密度与经济增长之间的数量关系。

情形 1：当劳动与土地既体现出互补关系又体现出竞争关系时，也就是劳动与土地的替代弹性 $\rho > 0$ 时。

在经济发展的初始阶段，由于土地存量固定不变，劳动力是稀缺的。在该阶段，人口密度增加所带来的集聚效应会大于拥挤效应。因此，在经济发展的初始阶段，随着人口密度的增加，人均 GDP 会增加。

在经济发展的成熟阶段，劳动与土地达到最佳比例，人口密度增加所带来的集聚效应会等于拥挤效应。因此，在经济发展的成熟阶段，人口密度实现最优值，人均 GDP 达到最大值。

在经济发展的后期阶段，由于集聚了大量的劳动力人口，土地是稀缺的。在该阶段，人口密度增加所带来的集聚效应会小于拥挤效应。因此，在经济发展的后期阶段，随着人口密度的增加，人均 GDP 会减少。

综合上述分析，当劳动与土地既体现出互补关系又体现出竞争关系时，在整个经济发展阶段（依次经历经济发展的初始阶段、经济发展的成熟阶段和经济发展的后期阶段），随着人口密度的增加，人均 GDP 会先增加后减少。

情形 2：当劳动与土地体现出完全的互补关系时，也就是劳动与土地的替代弹性 $\rho = 0$ 时。

一般而言，当土地存量无穷大时，劳动与土地的替代弹性 $\rho = 0$。劳动与土地的替代弹性 $\rho = 0$，这意味着不论经济处于哪个发展阶段，劳动力始终是稀缺的。当劳动与土地体现出完全的互补关系时，由于只存在集聚效应，不存在拥挤效应。因此，人口密度的增加会导致人均 GDP 一直增加。

第四节　一个校准分析

为简化运算，基期时的技术进步水平 $A_{t=0}$ 设为 1，基期时的人口密度 $\eta_{t=0}$ 设为 1。技术进步水平的年增长速度为 1%，人口密度的年增长速度也为 1%。其他参数赋值如表 2-1 所示。

表 2-1　参数赋值

情形 1：$\rho > 0$	情形 2：$\rho = 0$
$\alpha = 0.5$	$\alpha = 0.5$
$n = 1$	$n = 1$
$\rho = 1$	$\rho = 0$

根据式（6）和相关参数赋值，对基期的 $A_{t=0}$ 和 $\eta_{t=0}$ 运行大约 400 期后，得到表 2-1 中情形 1 所对应的 $\ln \eta_t$ 与 $\ln y_t$ 的数量关系，如图 2-1 所示，其中

横坐标为 $\ln \eta_t$ ，纵坐标为 $\ln y_t$ 。图 2-1 显示出 $\ln \eta_t$ 与 $\ln y_t$ 表现出倒 U 型曲线关系。

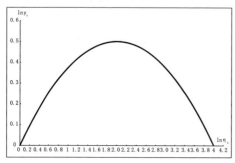

图 2-1 $\ln \eta_t$ 与 $\ln y_t$ 的数量关系图

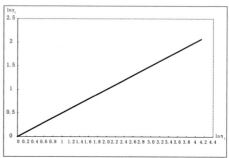

图 2-2 $\ln \eta_t$ 与 $\ln y_t$ 的数量关系图

根据式（6）和相关参数赋值，对基期的 $A_{t=0}$ 和 $\eta_{t=0}$ 运行大约 400 期后，得到表 2-1 中情形 2 所对应的 $\ln \eta_t$ 与 $\ln y_t$ 的数量关系，如图 2-2 所示，其中横坐标为 $\ln \eta_t$ ，纵坐标为 $\ln y_t$ 。图 2-2 显示出 $\ln \eta_t$ 与 $\ln y_t$ 表现正相关性。

校准分析结论与本章的人口密度与经济增长的数理模型结论保持一致，这进一步证实了人口密度与经济增长的数理模型结论的正确性。

第五节 人口密度与经济增长数量关系的计量模型研究设计

（一）样本、变量与数据

1. 样本

到目前为止，"一带一路"共建国家共计 71 个，包括中国、蒙古、伊朗、伊拉克、土耳其、叙利亚、约旦、黎巴嫩、以色列、巴勒斯坦、沙特阿拉伯、也门、阿曼、阿联酋、卡特尔、科威特、巴林、希腊、塞浦路斯、埃及、印度、巴基斯坦、孟加拉国、阿富汗、斯里兰卡、马尔代夫、尼泊尔、不丹、俄罗斯、乌克兰、白俄罗斯、格鲁吉亚、阿塞拜疆、亚美尼亚、摩尔多瓦、波兰、立陶宛、爱沙尼亚、拉脱维亚、捷克、斯洛伐克、匈牙利、斯洛文尼亚、克罗地亚、波黑、黑山、塞尔维亚、阿尔巴尼亚、罗马尼亚、保加利亚、马其顿、新加坡、马来西亚、印度尼西亚、缅甸、泰国、老挝、柬埔寨、越南、文莱、菲律宾、哈萨克斯坦、乌兹别克斯坦、土库曼斯坦、塔吉克斯坦、吉尔吉斯斯坦、肯尼亚、吉布提、德国、荷兰、意大利。由于巴勒斯坦、马其顿和吉布提的相关数据缺失严重，本章在进行样本选择时将其剔除。

2. 变量

表 2-2 为本章计量模型中相关变量的符号及含义，被解释变量为人均产出，以符号 $rgdp$ 表示；本章计量模型中的核心解释变量为人口密度，以符号 $density$ 表示，其他变量为控制变量。

表 2-2　变量定义

变量名称 符号	变量含义
labor	表示劳动力人口总量，度量单位：个。
tech	表示技术进步水平，以居民专利申请数量来体现，度量单位：个。 一般而言，居民专利申请数量越多，技术进步水平越高。
med	表示医疗水平，以医疗支出占国内生产总值的比重来体现，度量单位：%。 一般而言，医疗支出占国内生产总值的比重越高，医疗水平越好。
rgdp	表示人均国内生产总值，反映经济增长状况，度量单位：美元/人。
aviation	表示交通基础设施水平，以航空客运量来体现，度量单位：人。 一般而言，航空客运量越大，交通基础设施水平越发达。
town	表示城镇化水平，以城镇人口比重来体现，度量单位：%。 一般而言，城镇人口比重越高，城镇化水平越高。
old	表示人口老龄化程度，以 65 岁及以上人口所占比重来体现，度量单位：%。 65 岁及以上人口所占比重越高，人口老龄化程度越高。
first	表示第一产业增加值占 GDP 的比重，度量单位：%。
density	表示人口密度，以每平方千米（每平方公里）的人口数来表示。 每平方千米的人口数越多，人口密度越大。
credit	表示金融发展状况，以银行部门国内信贷占 GDP 的比重来体现，度量单位：%。 一般而言，银行部门国内信贷占 GDP 的比重越多，金融越发达。

变量名称 符号	变量含义
edu	表示高等教育发达程度，以高等教育毛入学率来表示，度量单位:%。一般而言，高等教育毛入学率越高，高等教育越发达。

资料来源：本章整理。

3. 数据

相关样本数据所涉及的时间期限是从 1998 年至 2017 年，相关数据来源于中国国家统计局官方网站。为弥补少量原始数据缺失，本章进行了插值处理。

（二）计量回归模型设定

1. 计量回归方程形式

根据式（6），本章设计的计量回归模型如下所示：

$$\ln rgdp_{c,t} = \beta_1 \ln density_{c,t} + \beta_2 X_{c,t} + \alpha_c + \gamma_t + \varepsilon_{c,t} \qquad (7)$$

表 2-3 是对应的回归结果。其中，$\ln tech_{c,t} \_ \ln density_{c,t}$ 表示 $\ln tech_{c,t}$ 与 $\ln density_{c,t}$ 的交互项，$\ln density^2_{c,t}$ 表示 $\ln density_{c,t}$ 的平方项。

2. 回归结果分析

表 2-3 中，$\ln density_{c,t}$ 的回归系数为正数（0.257 486 3），通过 1% 的显著性水平检验；$\ln density^2_{c,t}$ 的回归系数为负数（-0.042 904 6），通过 1% 的显著性水平检验。这说明 $\ln density_{c,t}$ 与 $\ln rgdp_{c,t}$ 存在显著的倒 U 型曲线关系。也就是 1998 年至 2017 年"一带一路"共建国家随着 $\ln density_{c,t}$ 的增加，对应的 $\ln rgdp_{c,t}$ 会先增加后减少。

表 2-3 中，$\ln labor_{c,t}$、$\ln tech_{c,t}$ 和 $\ln first_{c,t}$ 的回归系数为负数且均通过 1% 的显著性水平检验，$\ln med_{c,t}$ 回归系数为负数且通过 5% 的显著性水平检验。这表明：1998 至 2017 年，"一带一路"共建国家劳动力人口总量、技术进步水平、第一产业增加值占 GDP 比重、医疗水平与人均产出均显示出显著的负相关性。

表 2-3 中，$\ln aviation_{c,t}$、$\ln edu_{c,t}$、$\ln old_{c,t}$、$\ln town_{c,t}$ 和 $\ln credit_{c,t}$ 的回

归系数为正数，且均通过 1% 的显著性水平检验。这表明：1998 年至 2017 年，"一带一路"共建国家的交通基础设施水平、高等教育发达程度、人口老龄化程度、城镇化水平和金融发展状况与人均产出均呈现为显著的正相关性。$\ln tech_{c,t} - \ln density_{c,t}$ 的回归系数为正数且通过 1% 的显著性水平检验，这表明：1998 年至 2017 年，"一带一路"共建国家的人口密度与技术进步水平的交互作用对人均产出有显著的正向促进作用。

表 2-3　回归结果报告

解释变量	对应的回归系数及显著性
$\ln density_{c,t}$	0. 257 486 3 *** (4. 27)
$\ln density^2_{c,t}$	−0. 042 904 6 *** (−8. 00)
$\ln labor_{c,t}$	−0. 153 804 4 *** (−8. 11)
$\ln med_{c,t}$	−0. 094 931 5 ** (−2. 18)
$\ln tech_{c,t}$	−0. 083 314 5 *** (−2. 96)
$\ln tech_{c,t} - \ln density_{c,t}$	0. 016 268 2 *** (2. 88)
$\ln aviation_{c,t}$	0. 140 256 *** (8. 75)
$\ln edu_{c,t}$	0. 129 858 8 *** (4. 60)
$\ln old_{c,t}$	0. 255 644 8 *** (7. 81)
$\ln first_{c,t}$	−0. 596 97 *** (−28. 13)

解释变量	对应的回归系数及显著性
$\ln town_{c,t}$	0.602 192 8 *** (10.01)
$\ln credit_{c,t}$	0.303 873 8 *** (15.22)
常数项	5.3999 *** (15.29)

注：括号里的数据为 t 值。***表示通过 1% 的显著性水平检验，**表示通过 5% 的显著性水平检验，*表示通过 10% 的显著性水平检验。

3. $\ln density_{c,t}$ 与 $\ln rgdp_{c,t}$ 存在显著的倒 U 型曲线拐点位置的计算

根据 $\ln density_{c,t}$ 的回归系数 0.257 486 3 和 $\ln density^2_{c,t}$ 的回归系数 -0.042 904 6，文章计算出当 $\ln density_{c,t} = 3$ 时，$\ln rgdp_{c,t}$ 到达倒 U 型曲线的顶点，实现 $\ln rgdp_{c,t}$ 的最大值，也就是当 $density_{c,t} = 20.085\,54$ 时，$rgdp_{c,t}$ 达到最大值。倒 U 型曲线顶点所对应的人口密度为最佳人口密度。这意味着"一带一路"共建国家每平方千米的人口数约为 20 时，对应的人均 GDP 达到最大，也意味着"一带一路"共建国家的最佳人口密度为 20。

4. 相互影响检验

以 $\ln density_{c,t}$ 为被解释变量进行回归分析，如表 2-4 所示。其中 $\ln rgdp^2_{c,t}$ 表示 $\ln rgdp_{c,t}$ 的平方项。由于 $\ln rgdp_{c,t}$ 回归系数没有通过 10% 的显著性水平检验，这表明 $\ln rgdp_{c,t}$ 对 $\ln density_{c,t}$ 的影响并不显著；$\ln rgdp^2_{c,t}$ 的回归系数为正数，但没有通过 10% 的显著性水平检验，这表明，随着 $\ln rgdp_{c,t}$ 的增加，$\ln density_{c,t}$ 并不会出现显著的先增加后减少的数量特征。这意味着，1998 年至 2017 年，"一带一路"共建国家的人口密度与技术进步水平之间并不存在显著的相互影响关系。

表 2-4　回归结果报告

解释变量	对应的回归系数及显著性
$\ln rgdp_{c,\,t}$	−0.118 844 9 (−0.48)
$\ln rgdp^2_{c,\,t}$	0.000 306 5 (0.02)
$\ln labor_{c,\,t}$	0.260 654 3*** (7.00)
$\ln med_{c,\,t}$	0.245 027 5*** (2.87)
$\ln tech_{c,\,t}$	−0.108 008 2*** (−7.22)
$\ln aviation_{c,\,t}$	0.000 157 5 (0.00)
$\ln edu_{c,\,t}$	−0.260 162 4*** (−4.67)
$\ln old_{c,\,t}$	0.430 214 8*** (6.65)
$\ln first_{c,\,t}$	−0.544 938*** (−10.59)
$\ln town_{c,\,t}$	−0.663 040 4*** (−5.40)
$\ln credit_{c,\,t}$	0.314 322 4*** (7.57)
常数项	4.191 79*** (3.82)

注：括号里的数据为 t 值。***表示通过 1% 的显著性水平检验，**表示通过 5% 的显著性水平检验，*表示通过 10% 的显著性水平检验。

5. 人口密度与经济增长数量关系在"一带"国家与"一路"国家的检验

"一带一路",也就是"丝绸之路经济带"和"21世纪海上丝绸之路"。"丝绸之路经济带"简称为"一带","21世纪海上丝绸之路"简称为"一路"。文章对所有样本划分为两大类,一类为"一带"国家样本,另一类为"一路"国家样本,然后进行回归分析,对应的回归结果如表2-5所示。

表2-5中第2列为"一带"国家的回归结果。回归结果显示,$\ln density^2_{c,t}$的回归系数为负值(-0.030 883 4),且通过1%的显著性水平检验,这说明 $\ln density_{c,t}$ 与 $\ln rgdp_{c,t}$ 存在显著的倒 U 型曲线关系对于"一带"国家而言是成立的。

表2-5中第3列为"一路"国家的回归结果。回归结果显示,$\ln density^2_{c,t}$的回归系数为负值(-0.034 311 7),且通过1%的显著性水平检验,这说明 $\ln density_{c,t}$ 与 $\ln rgdp_{c,t}$ 存在显著的倒 U 型曲线关系对于"一路"国家而言也是成立的。

表2-5 回归结果报告

解释变量	"一带"国家的回归系数及显著性	"一路"国家的回归系数及显著性
$\ln density_{c,t}$	0.268 689 1*** (3.39)	0.067 241 9 (0.57)
$\ln density^2_{c,t}$	-0.030 883 4*** (-4.24)	-0.034 311 7*** (-3.27)
$\ln labor_{c,t}$	-0.154 090 5*** (-5.03)	-0.174 189 7*** (-6.13)
$\ln med_{c,t}$	-0.239 638 8*** (-3.28)	0.034 447 5 (0.62)
$\ln tech_{c,t}$	-0.011 911 7 (-0.31)	-0.155 533 3*** (-3.12)
$\ln tech_{c,t} - \ln density_{c,t}$	0.000 549 9 (0.07)	0.035 952 9*** (3.46)

解释变量	"一带"国家的回归系数及显著性	"一路"国家的回归系数及显著性
$\ln aviation_{c,\,t}$	0. 115 311 4 *** (4. 94)	0. 159 933 *** (7. 17)
$\ln edu_{c,\,t}$	0. 027 355 4 (0. 61)	0. 233 421 9 *** (6. 47)
$\ln old_{c,\,t}$	0. 432 543 1 *** (7. 30)	0. 127 356 4 *** (2. 64)
$\ln first_{c,\,t}$	−0. 574 270 9 *** (−16. 54)	−0. 563 076 9 *** (−18. 63)
$\ln town_{c,\,t}$	0. 598 533 7 *** (5. 88)	0. 579 856 4 *** (8. 00)
$\ln credit_{c,\,t}$	0. 345 205 2 *** (12. 16)	0. 237 529 8 *** (8. 81)
常数项	5. 492 163 *** (9. 89)	5. 997 745 *** (11. 32)

注：括号里的数据为 t 值。*** 表示通过 1% 的显著性水平检验，** 表示通过 5% 的显著性水平检验，* 表示通过 10% 的显著性水平检验。

第六节　人口密度与人均国内生产总值（经济增长）之间存在倒 U 型曲线关系的一个经济学解释

随着人口密度的增加，为什么人均 GDP 会先增加后减少呢？文章从要素的边际报酬角度来解释。

由于劳动投入与土地要素投入之间存在一个最佳的数量组合比例。在开始时，由于土地投入量给定，而劳动投入量为零，因此，劳动投入量远远没有达到最佳的组合比例。随着劳动投入量的逐渐增加，逐渐接近最佳的组合比例，相应的劳动投入量的边际产量（MP_L）呈现出递增的趋势。一旦劳动投入量达到最佳的组合比例时，劳动的边际产量（MP_L）达到最大值。在这一点之后，随着劳动投入量的继续增加，越来越偏离最佳的组合比例，相应的劳动的边际产量（MP_L）便呈现出递减的趋势了。因此，劳动的边际产量（MP_L）会出现先增加后减少的数量特征。

由于土地存量是不变的，人口密度增加意味着劳动力投入数量的增加，而每增加一单位劳动的边际产量（MP_L）先递增后递减。这意味着每一单位劳动的边际 GDP 是先增加后减少，人口密度与边际 GDP 存在倒 U 型曲线。

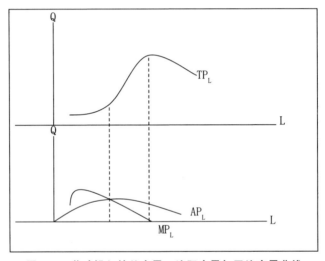

图 2-3　劳动投入的总产量、边际产量与平均产量曲线

由于 $\dfrac{d}{dL}AP_L = \dfrac{d}{dL}\left(\dfrac{TP_L}{L}\right) = \dfrac{1}{L}(MP_L - AP_L)$，这意味着：

当 $MP_L > AP_L$ 时，AP_L 的斜率为正，即 AP_L 曲线是上升的；当 $MP_L < AP_L$ 时，AP_L 的斜率为负，即 AP_L 曲线是下降的；$MP_L = AP_L$ 时，AP_L 曲线达到极值点。因此，劳动的平均产量（AP_L）先递增后递减。这意味着劳动的平均 GDP 是先增加后减少。这进一步表明，随着人口密度的增加，人均 GDP 先增加后减少，也就是人口密度与经济增长之间存在倒 U 型曲线关系。图 2-3 是劳动投入的总产量、边际产量与平均产量曲线。

第七节　本章小结

文章主要研究人口密度与经济增长之间的数量关系。文章采用 CES 生产函数从理论上进行了推导，发现：当劳动与土地之间既体现出竞争关系又体现出互补关系时，人口密度与经济增长之间存在倒 U 型曲线关系，也就是随着人口密度的增加，人均 GDP 先增加后下降；当劳动与土地体现出完全的互补关系时，人口密度与经济增长之间存在向右上方倾斜的线性相关性，也就是随着人口密度的增加，人均 GDP 一直增加。该研究结论在本章的校准分析中得到证实。

文章采用 1998 年至 2017 年"一带一路"共建国家的相关数据进行了实证检验，研究发现：人口密度与经济增长之间存在显著的倒 U 型曲线关系。文章从劳动的边际报酬角度进行了解释。人口密度与经济增长之间存在显著的倒 U 型曲线关系，对于"一带"国家而言是成立的，对于"一路"国家而言也是成立的。

倒 U 型曲线顶点所对应的人口密度为最佳人口密度。文章计算结果显示，"一带一路"共建国家的最佳人口密度数据约为 20，也就是当每平方千米人口数约为 20 时，"一带一路"共建国家的人均 GDP 达到最大。

在现实经济中，劳动与土地体现出完全的互补关系并不常见，因此人口密度与经济增长之间存在正的相关性并不多见。在现实经济中，劳动与土地之间既体现出竞争关系又体现出互补关系是常态，因此人口密度与经济增长之间存在倒 U 型曲线关系比较普遍。这意味着，随着人口密度的增加，人均 GDP 先增加后减少的结论通常是成立的。通过提高地区人口密度来促进地区经济增长，在一定阶段是可行的，但地区人口密度过大也会抑制地区经济增长，因此，保持地区人口密度的适度很重要，不能无限制地增加地区人口密度。这是人口密度与经济增长之间存在倒 U 型曲线关系的重要现实意义所在。

"一带一路"共建国家人口密度增长速度
与经济增长速度关系的实证研究

第一节　问题的提出

人口密度与经济增长之间的实证研究，一直是学术界研究的热点问题。我国学者关于人口密度与经济增长之间数量关系的研究，主要有两类研究结论。

第一类研究结论认为人口密度与经济增长之间存在显著的正相关性，人口密度与经济增长之间是线性关系。钟粤俊、陆铭、奚锡灿（2020）研究发现，人口密度增长显著促进了我国服务业的发展。吴昊、赵阳（2020）研究发现，人口集聚所引起的人口密度增加会显著增加劳动生产率，从而促进经济的高质量发展。任啸辰、傅程远（2019）基于中国 2006 年至 2017 年的大中城市面板数据发现，人口密度与城市房价之间存在显著的正相关性。彭昱、周尹（2016）采用中国 2006 年至 2015 年 289 个地级市面板数据研究发现，人口密度对服务业有显著的正向影响。

第二类研究结论认为人口密度与经济增长之间存在显著的倒 U 型曲线关系，人口密度与经济增长之间是非线性关系。曾永明、张利国（2017）基于全球 126 个国家的 1992 年~2012 年的空间面板数据证实人口密度与经济增长倒"U"型关系。蔡昉、王美艳、都阳（2001）指出，在一定条件下，人口密度的增加会促进地区经济发展，但当人口密度过大时会对地区经济发展带来负面影响。

本章也是论证人口密度与经济增长之间的数量关系，但本章主要研究人口密度增长速度与经济增长速度的数量关系,本章以"一带一路"共建国家为对象进行相关实证研究。

本章结构安排如下:第一部分为问题的提出,第二部分为人口密度增长速度与经济增长速度的数理模型,第三部分为人口密度增长速度与经济增长速度的计量模型研究设计,第四部分为研究结论。

第二节 人口密度增长速度与经济增长速度的数理模型

采用 CES 生产函数形式:

$$Y_t = A_t \left[\alpha L_t^{-\rho} + (1 - \alpha) \, T_t^{-\rho} \right]^{-\frac{n}{\rho}} \tag{1}$$

Y_t 表示第 t 期的产量,A_t 表示第 t 期的技术水平,L_t 表示第 t 期的劳动投入量,T_t 表示第 t 期的土地存量面积;Y_t、A_t 和 T_t 均大于 0;α 为要素分配系数,满足 $0 < \alpha < 1$,ρ 为替代参数,满足 $\rho \geq -1$,n 为规模报酬参数,满足 $n > 0$。

对式(1)两边取自然对数得到:

$$\ln Y_t = \ln A_t - (n/\rho)\ln\left[\alpha L_t^{-\rho} + (1 - \alpha) \, T_t^{-\rho} \right] \tag{2}$$

对式(2)中的 $\ln\left[\alpha L_t^{-\rho} + (1 - \alpha) \, T_t^{-\rho} \right]$ 在 $\rho = 0$ 处按泰勒级数展开,并取 0 阶、1 阶项,然后代入式(2),得到:

$$\ln Y_t = \ln A_t + \alpha n \ln L_t + (1 - \alpha) n \ln T_t \tag{3}$$

式(3)可以进一步化简为:

$$\ln Y_t = \ln A_t + \alpha n \ln \frac{L_t}{T_t} + \ln T_t \tag{4}$$

式(4)中 $\frac{L_t}{T_t}$ 为单位土地面积所对应的人口数量,即人口密度,令 $\frac{L_t}{T_t} = \eta_t$,则式(4)可以表示为:

$$\ln Y_t = \ln A_t + \alpha n \ln \eta_t + \ln T_t \tag{5}$$

根据式(5)可得:

$$g_{Y_t} = g_{A_t} + \alpha n \, g_{\eta_t} + g_{T_t} \tag{6}$$

其中 g_{Y_t} 表示第 t 期经济增长速度(产量的增长速度),g_{A_t} 表示第 t 期技术进步的增长速度,g_{η_t} 表示第 t 期人口密度的增长速度,g_{T_t} 表示第 t 期土地存量面积的增长速度。由于土地存量面积一般固定不变,固 $g_{T_t} = 0$。式(6)可以简化为:

$$g_{Y_t} = g_{A_t} + \alpha n\, g_{\eta_t} \tag{7}$$

由于 $0 < \alpha < 1$ 和 $n > 0$，则 $\alpha n > 0$。则式（7）表明：经济增长速度与人口密度增长速度正相关，人口密度增长速度越大，经济增长速度越大。

第三节　人口密度增长速度与经济增长速度的计量模型研究设计

（一）计量模型形式设计

$$g_{c,\,t} = \gamma_1(\ln \rho_{c,\,t} - \ln \rho_{c,\,t-1}) + \gamma_2 X_{c,\,t} + \alpha_c + \beta_t + \varepsilon_{c,\,t} \tag{8}$$

其中 c 表示国家名称，$g_{c,\,t}$ 表示国家 c 在第 t 期的经济增长速度，$\rho_{c,\,t}$ 表示国家 c 在第 t 期的人口密度，$\rho_{c,\,t-1}$ 表示国家 c 在第 t-1 期的人口密度，$X_{c,\,t}$ 表示控制变量集合，α_c 反映个体固定效应，β_t 反映时点固定效应，$\varepsilon_{c,\,t}$ 是扰动项。γ_1 和 γ_2 是对应的回归系数，其中 γ_1 是人口密度增长速度的回归系数。控制变量包括：技术进步、城镇化水平、人口老龄化程度、交通基础设施状况、产业结构状况、金融业发展状况。$\ln \rho_{c,\,t} - \ln \rho_{c,\,t-1}$ 表示国家 c 在第 t 期的人口密度增长速度。

（二）样本选择

本章以"一带一路"共建国家为样本进行分析。目前，"一带一路"共建国家共有 71 个。巴勒斯坦、马其顿和吉布提相关数据缺失严重，在进行样本选择时被剔除掉，所以本章实际样本共 68 个。

（三）变量定义

表 3-1 为本章变量定义的描述。其中，被解释变量为经济增长速度，以符号 g 表示；核心解释变量为人口密度增长速度，以符号 ρ 表示，其他变量为控制变量。

表 3-1　变量定义

变量名称符号	变量含义
g	表示经济增长速度，以 GDP 的增长速度来表示，单位:%。
ρ	表示人口密度，以每平方千米的人口数来表示。

续表

变量名称符号	变量含义
tv	表示技术进步增长速度,以居民专利申请数量的增长速度体现,单位:%。
medical	表示医疗水平,以医疗支出占国内生产总值的比重来体现,单位:%。
traffic	表示交通基础设施状况,以航空客运量来体现,单位:人。
town	表示城镇化水平,以城镇人口比重体现,单位:%。
aging	表示老龄化程度,以 65 岁及以上人口所占比重来体现,单位:%。
structure	表示产业结构高级化程度,以第三产业增加值占 GDP 比重来体现,单位:%。
financial	表示金融发达程度,以银行部门国内信贷占 GDP 的比重来体现,单位:%。

(四) 回归结果分析

1. 包含控制变量的回归结果分析

令式 (8) 中的 $\ln\rho_{c,t} - \ln\rho_{c,t-1}$ 为 rv_t。回归结果如表 3-2 所示。表 3-2 中 rv_tv 表示 rv 与 tv 的交互项。相关变量为 1998 年至 2017 年的数据。

表 3-2 中 rv 的回归系数为正数 (0.558),且通过显著性水平检验。这表明,1998 年至 2017 年"一带一路"共建国家的人口密度增长速度与经济增长速度之间存在显著的正相关性;"一带一路"共建国家的人口密度增长速度增加 1%,经济增长速度增加 0.558%。traffic 的回归系数为正数,且通过显著性水平检验,这表明,1998 年至 2017 年"一带一路"共建国家的交通基础设施与人口密度增长速度之间也存在显著的正相关性。town 的回归系数为负数,且通过显著性水平检验,这表明,1998 年至 2017 年"一带一路"共建国家的城镇化水平与经济增长速度之间存在显著的负相关性。structure 的回归系数为负数,且通过显著性水平检验,这说明 1998 年至 2017 年"一带一路"共建国家第三产业增加值占 GDP 的比重与经济增长速度之间存在显著的负相关性,这意味着"一带一路"共建国家的产业结构高级化程度的提高显著恶化了经济增长速度。financial 的回归系数为负数,且通过显著性水平检验,这说明 1998 年至 2017 年"一带一路"共建国家银行部门国内信贷占 GDP 的比重

与经济增长速度之间存在显著的负相关性，这意味着"一带一路"共建国家的金融发达程度显著恶化了经济增长速度。表 3-2 中的其他变量没有通过显著性水平检验。

表 3-2　回归结果报告

被解释变量 g	回归系数及显著性
rv	0.558* (1.46)
tv	−0.091 (−0.60)
rv_tv	−0.051 (−0.80)
medical	0.052 (0.66)
traffic	(1.84e-8)*** (4.32)
aging	−0.028 (−0.86)
town	−0.011* (−1.59)
structure	−0.118*** (−8.12)
financial	−0.007* (−1.52)
常数项	11.655 (18.24)

注：括号里的数据为 t 值；*表示通过 15% 的显著性水平检验，**表示通过 10% 的显著性水平检验，***表示通过 5% 的显著性水平检验，****表示通过 1% 的显著性水平检验，下同。

2. 人口密度增长速度与经济增长速度相互影响分析

为检验人口密度增长速度与经济增长速度之间是否存在显著的相互影响关系，文章以人口密度增长速度为被解释变量、以经济增长速度为关键解释变量进行回归，如表3-3所示。表3-3中经济增长速度变量的回归系数为正数（0.003），但并没有通过显著性水平检验。这表明，1998年至2017年"一带一路"共建国家的经济增长速度并不会显著影响人口密度增长速度。这进而表明，1998年至2017年"一带一路"共建国家人口密度增长速度与经济增长速度之间并不存在显著的相互影响关系。

表3-3 人口密度增长速度与经济增长速度相互影响检验报告

被解释变量 rv	回归系数及显著性
g	0.003 (1.38)
tv	0.107*** (10.18)
medical	-0.005 (-0.91)
traffic	-2.14e-11 (-0.07)
aging	-0.001 (-0.55)
town	-0.00005 (-0.11)
structure	0.001 (1.31)
financial	0.0001 (0.30)
常数项	-0.048 (-0.93)

3. 人口密度增长速度对经济增长速度的影响的滞后性检验

为检验人口密度增长速度对经济增长速度的影响是否存在滞后效应，本节进行了滞后性回归检验，如表 3-4 所示。表 3-4 中 rv_1 为滞后一期的人口密度增长速度变量。由于 rv_1 的回归系数并没有通过显著性水平检验，这表明人口密度增长速度对经济增长速度的影响并不存在滞后效应。

表 3-4　滞后效应检验报告

被解释变量 $g\,rv$	回归系数及显著性
rv_1	0. 314 (0. 86)
tv	−0. 052 (−0. 36)
medical	0. 051 (0. 65)
traffic	(1.85e-8)*** (4. 35)
aging	−0. 028 (−0. 88)
town	−0. 011* (−1. 55)
structure	−0. 117*** (−8. 08)
financial	−0. 008* (−1. 61)
常数项	11. 624*** (18. 24)

4. 人口密度增长速度与经济增长速度之间存在显著的正相关性的解释

本节认为，由于土地面积是固定的，一区域的人口密度增长速度增加会导致该区域人口总量增长速度增加，必然导致该区域劳动力总量增长速度增加;由于生产函数中劳动的边际产量必然大于0,因此,该区域劳动力总量增长速度增加必然导致该区域总产量增长速度的增加,也就是导致了该区域经济增长速度的增加。这是本章对1998年至2017年"一带一路"共建国家的人口密度增长速度与经济增长速度之间存在显著的正相关性的一个解释。

第四节 本章小结

基于CES生产函数,本章从理论上推导了人口密度增长速度与经济增长速度存在正相关性,然后运用1998年至2017年"一带一路"共建国家的相关数据进行实证检验,研究发现:人口密度增长速度与经济增长速度之间存在显著的正相关性,"一带一路"共建国家的人口密度增长速度每增加1%,经济增长速度增加0.558%,人口密度增长速度对经济增长速度的影响不存在滞后性。

文章研究还发现,1998年至2017年"一带一路"共建国家的交通基础设施与经济增长速度之间也存在显著的正相关性,但"一带一路"共建国家的城镇化水平、产业结构高级化程度、金融发达程度与经济增长速度均存在显著的负相关性。

"一带一路" 共建国家的产业结构演进对
经济增长影响的实证研究

第一节　问题的提出

经济增长与产业结构演进之间存在着密切的联系。配第-克拉克定律充分揭示了人均收入的增加所引起的产业结构演进规律。库兹涅茨人均收入影响论也充分说明人均国民收入变动对产业结构演进的影响。配第-克拉克定律和库兹涅茨人均收入影响论均说明人均收入的增加与产业结构的演进是同方向的,这意味着在产业结构演进过程中,人均收入是不断增加的。但该结论一定成立吗?本章将进行相关检验。

产业结构演进对经济增长带来的影响研究一直是产业经济学领域的重要研究问题。我国学者主要以中国为对象进行相关实证研究。例如,胡春林、彭迪云(2011)分析了广东省产业结构演进的"悖服务化"现象。贺玉德(2017)以四川省为例分析了我国西部地区产业结构演进与经济增长之间的数量关系。刘杰(2012)以山东省菏泽市为例采用偏离—份额法(SSM)分析了沿海欠发达地区产业结构演进和经济增长之间的数量关系。朱明明、赵明华(2010)采用偏离—份额法(SSM)分析了山东省产业结构演进与经济增长之间的数量关系。产业结构演进对经济增长影响研究的结论主要有三大类。

第一大类:产业结构演进能够显著促进经济增长。例如,唐成伟、陈亮(2012)采用1998年至2009年中国的省际面板数据分析了产业结构演进对经济增长的影响,研究表明产业结构演进能够显著促进经济增长。

第二大类:产业结构演进对经济增长的影响带有不确定性。例如,张明等(2019)研究表明:产业结构演进对我国经济增长的影响带有不确定性,在工业化前期和中期,产业结构演进一定能够促进经济增长,在工业化后期,产业结构演进不一定促进经济增长。赵春艳(2008)对我国经济增长与产业结构演进的关系进行了实证分析,发现经济增长对产业结构演进的影响显著,但产业结构演进对经济增长的影响并不显著。

第三大类:产业结构演进会抑制经济增长。例如,刘伟、蔡志洲(2014)基于中国2000年至2013年经验分析表明:中国当时产业结构演进类似于日本20世纪60年代后期,正处于中上等收入国家向高收入国家转变阶段,随着中国产业结构的演进,中国的自然经济增长率会放缓。

本章的创新性阐述。已有文献缺乏以"一带一路"为对象的研究,本章的研究是对已有文献的拓展。本章在更为广阔的地域范围内分析产业结构演进对经济增长的影响,揭示产业结构演进对经济增长的影响机制,计算产业结构演进对经济增长的影响大小。本章的研究表明,随着产业结构的演进,人均GDP会出现先减少后增加的数量特征,即U型特征。该研究结论是学术界的一个重大发现,是对产业结构演进过程中人均GDP数量特征的进一步认识,充分说明了产业结构演进过程中人均GDP可能并不是一直增加。

第二节 产业结构演进对经济增长影响的数理模型

设定一国人均产出函数的表达形式:

$$y = f(s_1, s_2, s_3) \tag{1}$$

其中,y表示该国人均产出,s_1表示该国第一产业的增加值占总产出的比重,s_2表示该国第二产业的增加值占总产出的比重,s_3表示该国第三产业的增加值占GDP的比重。满足$s_1 + s_2 + s_3 = 1$由(1)可得:

$$dy = \frac{\partial y}{\partial s_1}ds_1 + \frac{\partial y}{\partial s_2}ds_2 + \frac{\partial y}{\partial s_3}ds_3 \tag{2}$$

由式(2)可得:

$$\frac{dy}{y} = \frac{\partial y}{\partial s_1}\frac{ds_1}{y} + \frac{\partial y}{\partial s_2}\frac{ds_2}{y} + \frac{\partial y}{\partial s_3}\frac{ds_3}{y} = \frac{\partial y}{\partial s_1}\frac{s_1}{y}\frac{ds_1}{s_1} + \frac{\partial y}{\partial s_2}\frac{s_2}{y}\frac{ds_2}{s_2} + \frac{\partial y}{\partial s_3}\frac{s_3}{y}\frac{ds_3}{s_3}$$

$$\tag{3}$$

令

$$\beta_1 = \frac{\partial y}{\partial s_1} \frac{s_1}{y}$$

$$\beta_2 = \frac{\partial y}{\partial s_2} \frac{s_2}{y}$$

$$\beta_3 = \frac{\partial y}{\partial s_3} \frac{s_3}{y}$$

其中 $\frac{\partial y}{\partial s_1} \frac{s_1}{y}$ 表示该国 s_1 的人均产出弹性，$\frac{\partial y}{\partial s_2} \frac{s_2}{y}$ 表示该国 s_2 的人均产出弹性，$\frac{\partial y}{\partial s} \frac{s_3}{y}$ 表示该国 s_3 的人均产出弹性，则式（3）可以表示：

$$\frac{dy}{y} = \beta_1 \frac{d s_1}{s_1} + \beta_2 \frac{d s_2}{s_2} + \beta_3 \frac{d s_3}{s_3} \quad (4)$$

式（4）可以化简：

$$g_y = \sum_{i=1}^{3} \beta_i g_{s_i} \quad (5)$$

其中，$g_y = \frac{dy}{y}$ 表示该国人均产出的增长速度，$g_{s_i} = \frac{d s_i}{s_i}$ 表示该国 s_i 的增长速度。

第三节 "一带一路"共建国家 β_1、β_2 和 β_3 大小的估计

本节采用 1998 年至 2017 年 "一带一路" 中的 69 个沿线国家的相关数据进行实证分析。相关变量定性如表 4-1 所示。

表 4-1 变量定义

变量名称符号	变量含义
labor	表示劳动力人口总量，度量单位：个。
tech	表示技术进步水平，以居民专利申请数量来体现，度量单位：个。一般而言，居民专利申请数量越多，技术进步水平越高。

续表

变量名称符号	变量含义
med	表示医疗水平，以医疗支出占国内生产总值的比重来体现，度量单位:%。 一般而言，医疗支出占国内生产总值的比重越高，医疗水平越好。
rgdp	表示人均国内生产总值，反映经济增长状况，度量单位：美元/人。
aviation	表示交通基础设施水平，以航空客运量来体现，度量单位：人。 一般而言，航空客运量越大，交通基础设施水平越发达。
town	表示城镇化水平，以城镇人口比重来体现，度量单位:%。 一般而言，城镇人口比重越高，城镇化水平越高。
old	表示人口老龄化程度，以 65 岁及以上人口所占比重来体现，度量单位:%。 一般而言，65 岁及以上人口所占比重越高，人口老龄化程度越高。
first	表示第一产业增加值占 GDP 的比重，度量单位:%。
second	表示第二产业增加值占 GDP 的比重，度量单位:%。
third	表示第三产业增加值占 GDP 的比重，度量单位:%。
density	表示人口密度，以每平方千米（每平方公里）的人口数来表示。 一般而言，每平方千米的人口数越多，人口密度越大。
credit	表示金融发展状况，以银行部门国内信贷占 GDP 的比重来体现，度量单位:%。 一般而言，银行部门国内信贷占 GDP 的比重越多，金融越发达。
edu	表示高等教育发达程度，以高等教育毛入学率来表示，度量单位:%。 一般而言，高等教育毛入学率越高，高等教育越发达。

资料来源：本章整理。

本章设计的计量回归模型如下所示：

$$\ln rgdp_{c,\,t} = \beta_1 \ln first_{c,\,t} + \delta_1 X_{c,\,t} + \alpha_c + \gamma_t + \varepsilon_{c,\,t} \qquad (6)$$

式（6）主要用于计算第一产业增加值占 GDP 比重的人均产出弹性值，对应的回归结果如表 4-2 所示。

$$\ln rgdp_{c,\,t} = \beta_2 \ln second_{c,\,t} + \delta_2\,X_{c,\,t} + \alpha_c + \gamma_t + \varepsilon_{c,\,t} \tag{7}$$

式（7）主要用于计算第二产业增加值占 GDP 比重的人均产出弹性值，对应的回归结果如表 4-3 所示。

$$\ln rgdp_{c,\,t} = \beta_3 \ln third_{c,\,t} + \delta_3\,X_{c,\,t} + \alpha_c + \gamma_t + \varepsilon_{c,\,t} \tag{8}$$

式（8）主要用于计算第三产业增加值占 GDP 比重的人均产出弹性值，对应的回归结果如表 4-4 所示。

表 4-2 中 $\ln first_{c,\,t}$ 的回归系数为 -0. 596 97，且通过 1% 的显著性水平检验。也就是 β_1 为 -0. 596 97。这意味着"一带一路"共建国家第一产业增加值比重（s_1）每增加 1%，人均产出将减少 0. 596 97%。

表 4-2　回归结果报告

解释变量	回归系数
$\ln density_{c,\,t}$	0. 257 486 3 *** (4. 27)
$\ln density^2_{c,\,t}$	0. 042 904 6 *** (-8. 00)
$\ln labor_{c,\,t}$	-0. 153 804 4 *** (-8. 11)
$\ln med_{c,\,t}$	-0. 094 931 5 ** (-2. 18)
$\ln tech_{c,\,t}$	-0. 083 314 5 *** (-2. 96)
$\ln tech_{c,\,t}\_\ln density_{c,\,t}$	0. 016 268 2 *** (2. 88)
$\ln aviation_{c,\,t}$	0. 140 256 *** (8. 75)
$\ln edu_{c,\,t}$	0. 129 858 8 *** (4. 60)

续表

解释变量	回归系数
$\ln old_{c,t}$	0.255 644 8 *** (7.81)
$\ln first_{c,t}$	−0.596 97 *** (−28.13)
$\ln town_{c,t}$	0.602 192 8 *** (10.01)
$\ln credit_{c,t}$	0.303 873 8 *** (15.22)
常数项	5.3999 *** (15.29)

注：括号里的数据为 t 值。*** 表示通过 1%的显著性水平检验，** 表示通过 5%的显著性水平检验，* 表示通过 10%的显著性水平检验。ln 表示自然对数。

表 4-3 中，$\ln second_{c,t}$ 的回归系数为 0.540 228 6，且通过 1%的显著性水平检验。也就是 β_2 为 0.540 228 6。这意味着"一带一路"共建国家第二产业增加值比重（s_2）每增加 1%，人均产出将增加 0.540 228 6%。

表 4-3 回归结果报告

解释变量	回归系数
$\ln density_{c,t}$	0.308 101 1 *** (4.74)
$\ln density^2_{c,t}$	−0.022 020 1 *** (−3.85)
$\ln labor_{c,t}$	−0.359 692 1 *** (−16.86)
$\ln med_{c,t}$	0.005 281 2 (0.09)

续表

解释变量	回归系数
$\ln tech_{c,\,t}$	−0.020 498 5 (−0.61)
$\ln tech_{c,\,t} - \ln density_{c,\,t}$	0.001 086 (0.16)
$\ln aviation_{c,\,t}$	0.283 802 9*** (15.33)
$\ln edu_{c,\,t}$	0.043 906 4 (1.26)
$\ln old_{c,\,t}$	0.310 225 7*** (7.36)
$\ln second_{c,\,t}$	0.540 228 6*** (8.60)
$\ln town_{c,\,t}$	1.267 563*** (18.96)
$\ln credit_{c,\,t}$	0.411 638 9*** (16.83)
常数项	−0.136 216 8 (−0.31)

注：括号里的数据为 t 值。***表示通过 1% 的显著性水平检验，**表示通过 5% 的显著性水平检验，*表示通过 10% 的显著性水平检验。ln 表示自然对数。

表 4-4 中，$\ln third_{c,\,t}$ 的回归系数为 0.317 082 9，且通过 1% 的显著性水平检验。也就是 β_3 为 0.317 082 9。这意味着"一带一路"共建国家第三产业增加值比重（s_3）每增加 1%，人均产出将增加 0.317 082 9%。

表 4-4　回归结果报告

解释变量	回归系数
$\ln density_{c,t}$	0.333 935 9 *** (−0.98)
$\ln density^2_{c,t}$	−0.034 052 3 *** (−5.80)
$\ln labor_{c,t}$	−0.368 434 2 *** (−16.84)
$\ln med_{c,t}$	−0.266 546 4 *** (−4.23)
$\ln tech_{c,t}$	−0.033 523 5 (−0.98)
$\ln tech_{c,t} - \ln density_{c,t}$	0.009 340 6 (1.37)
$\ln aviation_{c,t}$	0.292 982 9 *** (15.40)
$\ln edu_{c,t}$	0.081 481 ** (2.30)
$\ln old_{c,t}$	0.158 938 7 *** (3.70)
$\ln third_{c,t}$	0.317 082 9 *** (2.89)
$\ln town_{c,t}$	1.391 539 *** (20.81)
$\ln credit_{c,t}$	0.358 206 4 *** (14.00)
常数项	0.750 017 9 (1.51)

注：括号里的数据为 t 值。*** 表示通过 1% 的显著性水平检验,** 表示通过 5% 的显著性水平检验,* 表示通过 10% 的显著性水平检验。ln 表示自然对数。

第四节　产业结构演进过程中人均产出数量特征的一个校准分析

（一）　产业结构演进过程中三大产业增加值占 GDP 比重的变化特征

产业结构演进包括两个阶段，第一个阶段为第一产业为主导向第二产业为主导演进阶段（本章称为阶段 1），第二阶段为第二产业为主导向第三产业为主导演进阶段（本章称为阶段 2）。

在第一产业为主导向第二产业为主导演进阶段，第一产业增加值占 GDP 的比重不断下降，同时第二产业增加值占 GDP 的比重、第三产业增加值占 GDP 的比重均不断增加。

在第二产业为主导向第三产业为主导演进阶段，第一产业增加值占 GDP 的比重、第二产业增加值占 GDP 的比重均不断下降，第三产业增加值占 GDP 的比重不断增加。在第二产业为主导向第三产业为主导演进阶段的任意年份，第三产业增加值占 GDP 的比重要大于第二产业增加值占 GDP 的比重，也要大于第一产业增加值占 GDP 的比重。

在阶段 1 与阶段 2 的临界年份，第二产业增加值占 GDP 的比重等于第三产业增加值占 GDP 的比重。在整个产业结构演进过程中，第三产业增加值占 GDP 的比重始终是不断增加的。

（二）　数据模拟

假设 1：本节设定初始年份（基期）为第 t 年，对应的第一产业增加值占 GDP 的比重、第二产业增加值占 GDP 的比重、第三产业增加值占 GDP 的比重分别为 80%、10%、10%，对应的人均 GDP 为 100 美元。

假设 2：本节还设定在产业结构演进过程中，不存在重大突发事件等外生冲击的影响。

假设 3：在阶段 1，第一产业增加值占 GDP 比重的年改变量为-2%，第二产业增加值占 GDP 比重的年改变量为 1%，第三产业增加值占 GDP 比重的年改变量为 1%。在阶段 2，第一产业增加值占 GDP 比重的年改变量为-0.5%，第二产业增加值占 GDP 比重的年改变量为-0.5%，第三产业增加值占 GDP 比重的年改变量为1%。

文章的校准分析如表4-5所示。表4-5中,第 t 年至第 t+31 年为第一产业为主导向第二产业为主导演进阶段,第 t+32 年为第一产业为主导向第二产业为主导演进阶段与第二阶段为第二产业为主导向第三产业为主导演进阶段的临界年份,第 t+33 年至第 t+60 年为第二产业为主导向第三产业为主导演进阶段。

表4-5 数据模拟分析相关数据

时间	第一产业增加值占GDP的比重(s_1)	s_1 的变动百分比	第二产业增加值占GDP的比重(s_2)	s_2 的变动百分比	第三产业增加值占GDP的比重(s_3)	s_3 的变动百分比	人均产出(RGDP)
初始年份:第 t 年	80%		10%		10%		100
t+1	78%	−2.500 00%	11%	10.000 00%	11%	10.000 00%	100.1007
t+2	76%	−2.564 10%	12%	9.090 91%	12%	9.090 91%	100.0932
t+3	74%	−2.631 58%	13%	8.333 33%	13%	8.333 33%	100.0872
t+4	72%	−2.702 70%	14%	7.692 31%	14%	7.692 31%	100.0821
t+5	70%	−2.777 78%	15%	7.142 86%	15%	7.142 86%	100.0778
t+6	68%	−2.857 14%	16%	6.666 67%	16%	6.666 67%	100.0742
t+7	66%	−2.941 18%	17%	6.250 00%	17%	6.250 00%	100.0711
t+8	64%	−3.030 30%	18%	5.882 35%	18%	5.882 35%	100.0685
t+9	62%	−3.125 00%	19%	5.555 56%	19%	5.555 56%	100.0663
t+10	60%	−3.225 81%	20%	5.263 16%	20%	5.263 16%	100.0644
t+11	58%	−3.333 33%	21%	5.000 00%	21%	5.000 00%	100.0628
t+12	56%	−3.448 28%	22%	4.761 90%	22%	4.761 90%	100.0614
t+13	54%	−3.571 43%	23%	4.545 45%	23%	4.545 45%	100.0603
t+14	52%	−3.703 70%	24%	4.347 83%	24%	4.347 83%	100.0594
t+15	50%	−3.846 15%	25%	4.166 67%	25%	4.166 67%	100.0587

续表

时间	第一产业增加值占GDP的比重（s_1）	s_1 的变动百分比	第二产业增加值占GDP的比重（s_2）	s_2 的变动百分比	第三产业增加值占GDP的比重（s_3）	s_3 的变动百分比	人均产出（RGDP）
t+16	48%	−4.000 00%	26%	4.000 00%	26%	4.000 00%	100.0582
t+17	46%	−4.166 67%	27%	3.846 15%	27%	3.846 15%	100.0578
t+18	44%	−4.347 83%	28%	3.703 70%	28%	3.703 70%	100.0577
t+19	42%	−4.545 45%	29%	3.571 43%	29%	3.571 43%	100.0578
t+20	40%	−4.761 90%	30%	3.448 28%	30%	3.448 28%	100.058
t+21	38%	−5.000 00%	31%	3.333 33%	31%	3.333 33%	100.0584
t+22	36%	−5.263 16%	32%	3.225 81%	32%	3.225 81%	100.0591
t+23	34%	−5.555 56%	33%	3.125 00%	33%	3.125 00%	100.06
t+24	32%	−5.882 35%	34%	3.030 30%	34%	3.030 30%	100.0611
t+25	30%	−6.250 00%	35%	2.941 18%	35%	2.941 18%	100.0625
t+26	28%	−6.666 67%	36%	2.857 14%	36%	2.857 14%	100.0643
t+27	26%	−7.142 86%	37%	2.777 78%	37%	2.777 78%	100.0665
t+28	24%	−7.692 31%	38%	2.702 70%	38%	2.702 70%	100.0691
t+29	22%	−8.333 33%	39%	2.631 58%	39%	2.631 58%	100.0723
t+30	20%	−9.090 91%	40%	2.564 10%	40%	2.564 10%	100.0763
t+31	18%	−10.000 00%	41%	2.500 00%	41%	2.500 00%	100.0811
t+32	16%	−11.111 11%	42%	2.439 02%	42%	2.439 02%	100.087
t+33	15.50%	−3.125 00%	41.50%	−1.190 48%	43%	2.380 95%	100.0198
t+34	15%	−3.225 81%	41%	−1.204 82%	44%	2.325 58%	100.0201
t+35	14.50%	−3.333 33%	40.50%	−1.219 51%	45%	2.272 73%	100.0205
t+36	14%	−3.448 28%	40%	−1.234 57%	46%	2.222 22%	100.021
t+37	13.50%	−3.571 43%	39.50%	−1.250 00%	47%	2.173 91%	100.0215
t+38	13%	−3.703 70%	39%	−1.265 82%	48%	2.127 66%	100.022

续表

时间	第一产业增加值占GDP的比重（s_1）	s_1的变动百分比	第二产业增加值占GDP的比重（s_2）	s_2的变动百分比	第三产业增加值占GDP的比重（s_3）	s_3的变动百分比	人均产出（RGDP）
t+39	12.50%	−3.846 15%	38.50%	−1.282 05%	49%	2.083 33%	100.0226
t+40	12%	−4.000 00%	38%	−1.298 70%	50%	2.040 82%	100.0233
t+41	12%	−4.166 67%	38%	−1.315 79%	51%	2.000 00%	100.0241
t+42	11.00%	−4.347 83%	37.00%	−1.333 33%	52%	1.960 78%	100.025
t+43	11%	−4.545 45%	37%	−1.351 35%	53%	1.923 08%	100.0259
t+44	10.00%	−4.761 90%	36.00%	−1.369 86%	54%	1.886 79%	100.027
t+45	10%	−5.000 00%	36%	−1.388 89%	55%	1.851 85%	100.0282
t+46	9%	−5.263 16%	35%	−1.408 45%	56%	1.818 18%	100.0296
t+47	8.50%	−5.555 56%	34.50%	−1.428 57%	57%	1.785 71%	100.0311
t+48	8%	−5.882 35%	34%	−1.449 28%	58%	1.754 39%	100.0328
t+49	7.50%	−6.250 00%	33.50%	−1.470 59%	59%	1.724 14%	100.0348
t+50	7%	−6.666 67%	33%	−1.492 54%	60%	1.694 92%	100.0371
t+51	6%	−7.142 86%	33%	−1.515 15%	61%	1.666 67%	100.0397
t+52	6.00%	−7.692 31%	32.00%	−1.538 46%	62%	1.639 34%	100.0428
t+53	5%	−8.333 33%	32%	−1.562 50%	63%	1.612 90%	100.0464
t+54	5%	−9.090 91%	31%	−1.587 30%	64%	1.587 30%	100.0507
t+55	4.50%	−10.000 00%	30.50%	−1.612 90%	65%	1.562 50%	100.0559
t+56	4%	−11.111 11%	30%	−1.639 34%	66%	1.538 46%	100.0624
t+57	3.50%	−12.500 00%	29.50%	−1.666 67%	67%	1.515 15%	100.0704
t+58	3%	−14.285 71%	29%	−1.694 92%	68%	1.492 54%	100.0809
t+59	3%	−16.666 67%	29%	−1.724 14%	69%	1.470 59%	100.0948
t+60	2.00%	−20.000 00%	28.00%	−1.754 39%	70%	1.449 28%	100.1145

根据表4-5中第8列的数据，可以得到产业结构演进过程中人均GDP随

时间（年份）的变化关系。对应的散点图和拟合线如图 4-1 所示，其中横坐标为年份，纵坐标为人均 GDP。

图 4-1 显示，随着产业结构的演进，人均 GDP 先下降后增加，也就是在产业结构演进过程中人均 GDP 呈现出 U 型特征。

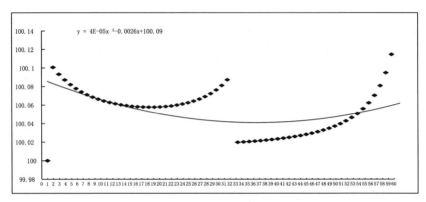

图 4-1　产业结构演进过程中人均 GDP 的数量特征

图 4-1 还显示：在阶段 1 与阶段 2 的临界年份，也就是第 $t+33$ 期，人均 GDP 会出现大幅下降；在阶段 2，人均 GDP 会不断增加；在阶段 1，人均 GDP 会先下降后增加。

第五节　产业结构演进对经济增长影响的计量模型研究

由于在整个产业结构演进过程中，第三产业增加值占 GDP 的比重始终是增加的。因此，文章以第三产业增加值占 GDP 的比重来作为产业结构演进的工具变量，以论证产业结构演进与人均 GDP 是否呈现出 U 型数量关系。文章仍然采用 1998 年至 2017 年 "一带一路" 69 个共建国家的相关数据进行检验。

（一）散点图分析

1998 年至 2017 年 "一带一路" 69 个共建国家的第三产业增加值占 GDP 的比重与人均 GDP 的散点图及拟合线，如图 4-2 所示。横坐标为第三产业增加值占 GDP 的比重；纵坐标为人均 GDP。图 4-2 中拟合线显示出明显的 U 型曲线特征。

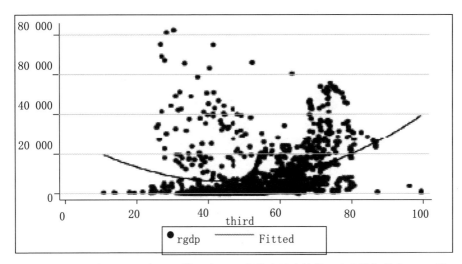

图 4-2 1998 年至 2017 年"一带一路"69 个共建国家的第三产业增加值占 GDP 的比重与人均 GDP 的散点图及拟合线。

（二）回归结果分析

表 4-6 为对应的回归结果，其中被解释变量为人均 GDP（rgdp）。表 4-6 中 $third^2c$, t 表示 $third_{c,\ t}$ 的平方项。由于 $third^2c$, t 的回归系数为正值（6.292 398），且通过 1% 的显著性水平检验。这说明：1998 年至 2017 年"一带一路"69 个共建国家的第三产业增加值占 GDP 的比重与人均 GDP 之间存在显著的 U 型曲线关系，也就是随着第三产业增加值占 GDP 的比重的增加，"一带一路"69 个共建国家的人均 GDP 先增加后减少。由于本章以第三产业增加值占 GDP 的比重来作为产业结构演进的工具变量，因此，产业结构演进与人均 GDP 之间存在显著的 U 型曲线关系。

表 4-6 回归结果报告

解释变量	回归系数
$third_{c,\ t}$	−780.1647 [***]
	（−7.14）

续表

解释变量	回归系数
$third^2_{c,t}$	6.292 398 ***
	(6.46)
$labor_{c,t}$	−0.000 0271 ***
	(−6.82)
$med_{c,t}$	8.309 458
	(0.06)
$tech_{c,t}$	−0.000 167
	(−1.64)
$tech_{c,t}\_density_{c,t}$	1.00e−07
	(1.41)
$aviation_{c,t}$	0.000 168 4 ***
	(11.83)
$edu_{c,t}$	−95.550 61 **
	(−5.62)
$old_{c,t}$	295.8444 ***
	(4.44)
$town_{c,t}$	316.8427 ***
	(23.01)
$credit_{c,t}$	81.675 07 ***
	(10.30)
常数项	9734.319 ***
	(3.22)

注：括号里的数据为 t 值。*** 表示通过 1% 的显著性水平检验，** 表示通过 5% 的显著性水平检验，* 表示通过 10% 的显著性水平检验。ln 表示自然对数。

第六节 本章小结

本章推导了三大产业增加值占总产出比重的人均产出弹性与人均 GDP 增长速度之间关系的数学表达式，揭示了三大产业增加值占总产出比重的人均产出弹性与经济增长之间的内在联系，说明了三大产业增加值占总产出比重的人均产出弹性对经济增长的重要影响。

本章采用 1998 年至 2017 年 "一带一路" 69 个共建国家的相关数据估算了三大产业增加值占总产出比重的人均产出弹性的大小。研究表明，第一产业增加值占总产出比重（s_1）的人均产出弹性值为 $-0.596\ 97$，第二产业增加值占总产出比重（s_2）的人均产出弹性值为 $0.540\ 228\ 6$，第三产业增加值占总产出比重（s_3）的人均产出弹性值为 $0.317\ 082\ 9$。

基于三大产业增加值占总产出比重的人均产出弹性值，本章进行了校准分析。研究发现，随着产业结构的演进，人均 GDP 呈现出 U 型特征。也就是在产业结构演进过程中，人均 GDP 先下降后增加。这在本章的计量回归模型中得到证实。

上海合作组织成员国经济增长
动力来源分析

第一节 引言

上海合作组织是国际上具有重要影响的区域性组织，目前有 9 个正式成员国，分别为中国、俄罗斯、哈萨克斯坦、吉尔吉斯斯坦、乌兹别克斯坦、塔吉克斯坦、印度、伊朗和巴基斯坦。上海合作组织成员国的经济增长动力来源问题研究，目前受到学术界的关注。

相关学者研究了中国的经济增长动力来源。邱晓华等（2006），陈俊（2018）指出资本投入是中国经济增长最主要的推动力。武鹏（2013）研究发现，资本投入是中国经济持续稳定增长的最主要来源。裴平、曹源芳（2008）研究发现：出口和国内固定资产投资是我国经济增长的主要动力。

相关学者研究了俄罗斯的经济增长动力来源。崔凯和周静言（2016）认为，俄罗斯能源资源的大量出口是俄罗斯经济增长的重要推动力，但贸易结构与产业结构的错配严重阻碍了俄罗斯经济增长。陈宇峰（2009）研究发现，国际油价的上涨刺激了俄罗斯经济的转型，但不是俄罗斯经济增长的持续动力。胡键（2004）认为，俄罗斯制度转型所带来的宏观经济环境在整体性改善，是俄罗斯经济增长的主要动力。徐坡岭和韩爽（2008）指出，2003 年之后俄罗斯经济的自我良性循环是经济增长的主要动力。

相关学者研究了哈萨克斯坦的经济增长动力来源。王维然等（2011）研究发现，哈萨克斯坦的经济增长主要依赖净出口的增加和投资的作用。张养志、郑国富（2009）研究发现，外国直接投资对哈萨克斯坦经济增长起到很大推动作用。胡颖、石微巍（2017）研究发现，国际油价波动对哈萨克斯坦经济增长有很大影响。姜安印、刘博（2019）研究发现，哈萨克斯坦能源资源开发是经济增长的重要推动力。朱智洺等（2015）研究发现，中国的外商直接投资对中亚五国有重要影响，对哈萨克斯坦的影响最为显著。

关于上海合作组织成员国经济增长动力来源问题研究，相关文献的研究对象主要集中于中国、俄罗斯、哈萨克斯坦，缺乏以吉尔吉斯斯坦、乌兹别克斯坦、塔吉克斯坦、印度、伊朗和巴基斯坦为研究对象的分析。本章分析了上海合作组织的 9 个成员国的经济增长动力来源问题，弥补了已有文献的不足。

已有文献主要采用定性分析方法，缺乏定量分析，这也导致了研究结论缺乏可靠性。本章的研究视角不同于已有文献，本章注重定量分析。本章从产业层面推导经济增长核算方程的数学表达式，进而识别出上海合作组织的 9 个成员国经济增长的主要动力来源。

第二节　基于产业层面的经济增长核算方程的推导

上海合作组织某一成员国在第 t 年的总产出可以分解为：
$$Y_t = Y_{1,t} + Y_{2,t} + Y_{3,t} \tag{1}$$
其中，Y_t 表示上海合作组织某一成员国在第 t 年时的总产出，$Y_{1,t}$、$Y_{2,t}$ 和 $Y_{3,t}$ 分别表示上海合作组织某一成员国在第 t 年时的第一产业增加值、第二产业增加值和第三产业增加值。

上海合作组织某一成员国在第 t 年时的劳动力总人口为 L_t，则由式（1）可得：
$$\frac{Y_t}{L_t} = \frac{Y_{1,t}}{L_t} + \frac{Y_{2,t}}{L_t} + \frac{Y_{3,t}}{L_t} \tag{2}$$

由于单位劳动力所对应的产出为劳动生产率，则 $\dfrac{Y_t}{L_t}$ 表示上海合作组织某一成员国在第 t 年时的劳动生产率。又由于：
$$Y_{1,t} = y_{1,t} L_{1,t}, \quad Y_{2,t} = y_{2,t} L_{2,t}, \quad Y_{3,t} = y_{3,t} L_{3,t} \tag{3}$$
其中，$y_{1,t}$、$y_{2,t}$ 和 $y_{3,t}$ 分别表示上海合作组织某一成员国第 t 年时的第一产业劳动生产率、第二产业劳动生产率和第三产业劳动生产率，$L_{1,t}$、$L_{2,t}$ 和

$L_{3,t}$ 分别表示上海合作组织某一成员国第 t 年时的第一产业劳动力人口、第二产业劳动力人口和第三产业劳动力人口。

联立式（2）和式（3）可得：

$$\frac{Y_t}{L_t} = \frac{y_{1,t} L_{1,t}}{L_t} + \frac{y_{2,t} L_{2,t}}{L_t} + \frac{y_{3,t} L_{3,t}}{L_t} \tag{4}$$

其中，$\frac{L_{1,t}}{L_t}$ 表示上海合作组织某一成员国第 t 年时第一产业劳动力的比重，

$\frac{L_{2,t}}{L_t}$ 表示上海合作组织某一成员国第 t 年时第二产业劳动力的比重，$\frac{L_{3,t}}{L_t}$ 表示

上海合作组织某一成员国第 t 年时第三产业劳动力的比重。

令 $\alpha_{1,t} = \dfrac{L_{1,t}}{L_t}$，$\alpha_{2,t} = \dfrac{L_{2,t}}{L_t}$，$\alpha_{3,t} = \dfrac{L_{3,t}}{L_t}$，$y_t = \dfrac{Y_t}{L_t}$，则（4）可表示：

$$y_t = \alpha_{1,t} y_{1,t} + \alpha_{2,t} y_{2,t} + \alpha_{3,t} y_{3,t} \tag{5}$$

其中，$\alpha_{1,t} + \alpha_{2,t} + \alpha_{3,t} = 1$。令 $\Delta y_t = y_t - y_{t-1}$，$\Delta \alpha_{i,t} = \alpha_{i,t} - \alpha_{i,t-1}$，$i = 1, 2, 3$。$\Delta y_t$ 表示上海合作组织某一成员国在第 t 年时劳动生产率改变量，$\Delta \alpha_{i,t}$ 表示上海合作组织某一成员国在第 t 年时的第 i 产业劳动力人口比重的改变量。

由式（5）可得：

$$\Delta y_t = \sum_{i=1}^{3} [(\Delta \alpha_{i,t}) y_{i,t-1}] + \sum_{i=1}^{3} [(\Delta y_{i,t}) \alpha_{i,t-1}] + \sum_{i=1}^{3} (\Delta \alpha_{i,t} \Delta y_{i,t}) \tag{6}$$

$\sum_{i=1}^{3} [(\Delta \alpha_{i,t}) y_{i,t-1}]$ 表示上海合作组织某一成员国在第 t 年时三大产业劳动生产率不变时三大产业劳动力比重变动对上海合作组织某一成员国劳动生产率改变量的贡献量，也就是单纯由劳动力配置结构变化所引致的整体劳动生产率的改变量，一般称为丹尼森效应。

$\sum_{i=1}^{3} [(\Delta y_{i,t}) \alpha_{i,t-1}]$ 表示上海合作组织某一成员国在第 t 年时三大产业劳动力比重不变时三大产业劳动生产率变动对上海合作组织某一成员国劳动生产率改变量的贡献量，也就是单纯由三大产业劳动生产率变化所引致的整体劳动生产率的改变量，一般称为纯生产率效应。

$\sum_{i=1}^{3} (\Delta \alpha_{i,t} \Delta y_{i,t})$ 表示上海合作组织某一成员国在第 t 年时三大产业劳动

力比重和三大产业劳动生产率同时发生变动时对上海合作组织某一成员国劳动生产率改变量的贡献量，也就是由三大产业劳动生产率与三大产业劳动力配置结构交互作用所引致的整体劳动生产率的改变量，一般称为鲍默效应。

$g_{y_t} = \dfrac{\Delta y_t}{y_{t-1}}$ 表示上海合作组织某一成员国第 t 年时劳动生产率增长速度表达式，由式（6）可得：

$$g_{y_t} = \frac{\sum_{i=1}^{3} \left[(\Delta \alpha_{i,t}) y_{i,t-1} \right]}{y_{t-1}} + \frac{\sum_{i=1}^{3} \left[(\Delta y_{i,t}) \alpha_{i,t-1} \right]}{y_{t-1}} + \frac{\sum_{i=1}^{3} (\Delta \alpha_{i,t} \Delta y_{i,t})}{y_{t-1}} \quad (7)$$

其中，$\dfrac{\sum_{i=1}^{3} \left[(\Delta \alpha_{i,t}) y_{i,t-1} \right]}{y_{t-1}}$ 为丹尼森效应与劳动生产率之比，本章称为丹

尼森效应所对应的劳动生产率增长速度，$\dfrac{\sum_{i=1}^{3} \left[(\Delta y_{i,t}) \alpha_{i,t-1} \right]}{y_{t-1}}$ 为纯生产率效应

与劳动生产率之比，本章称为纯生产率效应所对应的劳动生产率增长速度，

$\dfrac{\sum_{i=1}^{3} (\Delta \alpha_{i,t} \Delta y_{i,t})}{y_{t-1}}$ 为鲍默效应与劳动生产率之比，本章称之为鲍默效应所对应

的劳动生产率增长速度。又由于：

$$Y_t = L_t \frac{Y_t}{L_t} = L_t y_t \quad (8)$$

由式（8）可得：

$$g_{Y_t} = g_{L_t} + g_{y_t} \quad (9)$$

其中，g_{Y_t}、g_{L_t}、g_{y_t} 分别表示上海合作组织某一成员国在第 t 年时的经济增长速度、劳动力人口增长速度、劳动生产率增长速度。

结合式（7）和式（9），可得基于产业层面的上海合作组织某一成员国在第 t 年时的经济增长核算方程：

$$g_{Y_t} = g_{L_t} + \frac{\sum_{i=1}^{3} \left[(\Delta \alpha_{i,t}) y_{i,t-1} \right]}{y_{t-1}} + \frac{\sum_{i=1}^{3} \left[(\Delta y_{i,t}) \alpha_{i,t-1} \right]}{y_{t-1}} + \frac{\sum_{i=1}^{3} (\Delta \alpha_{i,t} \Delta y_{i,t})}{y_{t-1}} \quad (10)$$

第三节　上海合作组织成员国名义经济增长速度的分解

（一）2001年至2017年上海合作组织成员国名义经济增长速度核算的相关数据

基于2001年至2017年名义GDP、三大产业增加值、三大产业劳动力人口规模数据，运用公式（10）进行计算，本节得到2001年至2017年上海合作组织成员国名义经济增长速度及其构成的相关数据，如表5-1所示。

表5-1　中国经济增长核算方程相关数据

年份	$g_{Y_t} = g_{L_t} + g_{y_t}$	g_{L_t}	g_{y_t}	$g_{y_t} = \dfrac{\Delta y_t}{y_{t-1}} = \dfrac{\sum_{i=1}^{3}[(\Delta\alpha_{i,t})y_{i,t-1}]}{y_{t-1}} + \dfrac{\sum_{i=1}^{3}[(\Delta y_{i,t})\alpha_{i,t-1}]}{y_{t-1}} + \dfrac{\sum_{i=1}^{3}(\Delta\alpha_{i,t}\Delta y_{i,t})}{y_{t-1}}$		
				$\dfrac{\sum_{i=1}^{3}[(\Delta\alpha_{i,t})y_{i,t-1}]}{y_{t-1}}$	$\dfrac{\sum_{i=1}^{3}[(\Delta y_{i,t})\alpha_{i,t-1}]}{y_{t-1}}$	$\dfrac{\sum_{i=1}^{3}(\Delta\alpha_{i,t}\Delta y_{i,t})}{y_{t-1}}$
2001年	10.5%	0.99%	9.47%	-0.12%	9.59%	0.00%
2002年	9.7%	0.66%	9.07%	-0.47%	9.66%	-0.12%
2003年	12.8%	0.62%	12.21%	1.21%	10.86%	0.14%
2004年	17.6%	0.72%	16.93%	3.21%	13.45%	0.27%
2005年	15.7%	0.52%	15.15%	3.15%	11.61%	0.39%
2006年	17.1%	0.44%	16.64%	3.25%	12.98%	0.41%
2007年	23.0%	0.46%	22.52%	2.83%	19.32%	0.37%
2008年	18.1%	0.32%	17.82%	1.46%	16.15%	0.21%
2009年	9.1%	0.35%	8.79%	1.81%	6.85%	0.13%
2010年	18.2%	0.37%	17.82%	1.78%	15.77%	0.27%
2011年	18.3%	0.41%	17.91%	2.22%	15.40%	0.29%
2012年	10.3%	0.37%	9.97%	1.44%	8.46%	0.07%
2013年	10.1%	0.36%	9.71%	2.13%	7.51%	0.07%
2014年	8.5%	0.36%	8.14%	1.72%	6.36%	0.06%
2015年	7.0%	0.26%	6.76%	0.92%	5.74%	0.10%
2016年	8.3%	0.20%	8.14%	0.44%	7.64%	0.06%
2017年	11.5%	0.05%	11.42%	0.54%	10.89%	-0.01%

续上表　俄罗斯经济增长核算方程相关数据

2001 年	3.60%	2.36%	1.25%	0.08%	1.17%	0.00%
2002 年	2.01%	-0.34%	2.35%	0.06%	2.28%	0.01%
2003 年	5.05%	1.27%	3.78%	0.09%	3.70%	-0.01%
2004 年	4.07%	1.33%	2.74%	-0.02%	2.76%	0.00%
2005 年	5.78%	1.01%	4.77%	0.01%	4.77%	-0.01%
2006 年	11.20%	2.49%	8.71%	0.15%	8.52%	0.04%
2007 年	5.54%	0.56%	4.98%	0.03%	4.95%	0.01%
2008 年	9.81%	-2.34%	12.15%	-0.17%	12.43%	-0.11%
2009 年	-2.10%	0.91%	-3.01%	0.18%	-3.15%	-0.04%
2010 年	3.96%	1.32%	2.64%	-0.03%	2.68%	-0.01%
2011 年	2.65%	0.97%	1.67%	0.16%	1.53%	-0.01%
2012 年	4.25%	-0.22%	4.46%	0.08%	4.37%	0.01%
2013 年	5.19%	0.21%	4.98%	0.04%	4.94%	0.00%
2014 年	0.72%	1.10%	-0.37%	-0.05%	-0.33%	0.01%
2015 年	-4.51%	0.10%	-4.60%	-0.04%	-4.55%	-0.01%
2016 年	0.21%	-0.11%	0.31%	0.17%	0.19%	-0.05%
2017 年	5.21%	0.30%	4.91%	-0.03%	4.95%	-0.01%

续上表　哈萨克斯坦经济增长核算方程相关数据

2001 年	21.06%	0.24%	20.81%	1.13%	19.52%	0.16%
2002 年	11.16%	0.48%	10.68%	1.07%	9.49%	0.12%
2003 年	25.00%	0.63%	24.38%	1.07%	23.07%	0.24%
2004 年	39.73%	0.56%	39.16%	1.05%	37.69%	0.42%
2005 年	31.82%	1.86%	29.96%	1.06%	28.56%	0.34%
2006 年	41.14%	1.67%	39.47%	1.08%	37.94%	0.45%
2007 年	28.95%	1.81%	27.14%	1.10%	25.79%	0.25%
2008 年	26.80%	1.89%	24.90%	1.06%	23.57%	0.27%
2009 年	-13.24%	2.27%	-15.51%	1.07%	-16.36%	-0.22%
2010 年	27.95%	1.71%	26.24%	1.01%	24.90%	0.33%
2011 年	29.82%	0.99%	28.83%	1.06%	27.53%	0.23%
2012 年	7.92%	0.92%	7.00%	1.00%	5.91%	0.08%
2013 年	13.66%	0.84%	12.82%	0.00%	12.83%	0.00%
2014 年	-6.36%	0.99%	-7.35%	1.46%	-8.67%	-0.14%
2015 年	-16.61%	0.66%	-17.27%	5.97%	-21.43%	-1.81%
2016 年	-25.37%	0.68%	-26.06%	-0.02%	-26.04%	0.01%

续表

2017 年	16.02%	0.64%	15.39%	−0.02%	15.39%	0.02%

续上表　吉尔吉斯斯坦经济增长核算方程相关数据

2001 年	11.16%	2.02%	9.14%	−0.84%	9.98%	0.00%
2002 年	5.21%	2.29%	2.92%	1.54%	2.28%	−0.89%
2003 年	19.21%	1.78%	17.42%	3.03%	15.57%	−1.18%
2004 年	14.98%	2.02%	12.96%	1.44%	12.04%	−0.52%
2005 年	10.96%	4.17%	6.79%	0.07%	6.74%	−0.02%
2006 年	14.84%	3.03%	11.81%	0.03%	12.79%	−1.01%
2007 年	33.97%	0.60%	33.37%	0.25%	33.04%	0.08%
2008 年	35.06%	0.33%	34.72%	−0.09%	34.69%	0.13%
2009 年	−8.73%	0.26%	−8.99%	0.64%	−9.99%	0.36%
2010 年	2.21%	1.55%	0.67%	0.07%	0.54%	0.05%
2011 年	28.80%	1.82%	26.98%	0.54%	26.38%	0.06%
2012 年	4.43%	0.45%	3.99%	−0.03%	3.71%	0.31%
2013 年	13.37%	−0.64%	14.02%	0.53%	14.84%	−1.35%
2014 年	1.81%	1.36%	0.45%	0.17%	0.28%	0.00%
2015 年	−10.38%	1.61%	−12.00%	1.48%	−13.21%	−0.26%
2016 年	2.02%	0.15%	1.86%	1.28%	0.89%	−0.31%
2017 年	10.89%	1.56%	9.33%	0.81%	8.55%	−0.03%

续上表　塔吉克斯坦经济增长核算方程相关数据

2001 年	24.90%	3.17%	21.74%	1.13%	20.37%	0.23%
2002 年	12.66%	3.52%	9.14%	0.66%	8.36%	0.12%
2003 年	26.42%	3.73%	22.69%	1.83%	20.88%	−0.02%
2004 年	32.52%	3.71%	28.81%	0.90%	27.69%	0.22%
2005 年	11.11%	3.56%	7.55%	0.07%	7.33%	0.14%
2006 年	21.75%	3.57%	18.18%	0.20%	18.06%	−0.08%
2007 年	30.52%	3.29%	27.23%	0.10%	27.10%	0.04%
2008 年	37.69%	3.10%	34.59%	0.11%	34.39%	0.09%
2009 年	−3.32%	3.11%	−6.43%	0.15%	−6.79%	0.21%
2010 年	13.01%	3.06%	9.95%	0.70%	9.39%	−0.14%
2011 年	15.27%	2.61%	12.67%	0.56%	12.21%	−0.11%
2012 年	16.65%	2.64%	14.01%	0.79%	13.26%	−0.05%
2013 年	11.23%	2.58%	8.65%	0.66%	7.93%	0.07%

续表

2014 年	8.43%	2.43%	6.01%	0.67%	5.45%	−0.12%
2015 年	−14.59%	2.26%	−16.85%	0.52%	−17.30%	−0.07%
2016 年	−11.20%	2.11%	−13.31%	0.54%	−13.79%	−0.05%
2017 年	2.78%	2.13%	0.65%	0.56%	0.07%	0.03%

续上表　乌兹别克斯坦经济增长核算方程相关数据

2001 年	−16.59%	2.84%	−19.43%	0.06%	−19.43%	−0.07%
2002 年	−14.55%	2.78%	−17.33%	0.37%	−17.59%	−0.11%
2003 年	4.50%	2.74%	1.76%	0.37%	1.52%	−0.13%
2004 年	18.35%	2.73%	15.62%	0.37%	15.13%	0.12%
2005 年	18.50%	2.74%	15.76%	0.28%	15.24%	0.24%
2006 年	20.64%	2.73%	17.91%	0.45%	17.63%	−0.18%
2007 年	28.03%	2.82%	25.21%	0.56%	24.50%	0.15%
2008 年	31.61%	2.91%	28.70%	0.27%	28.20%	0.23%
2009 年	13.69%	2.92%	10.77%	0.97%	9.78%	0.02%
2010 年	16.26%	4.03%	12.23%	0.38%	11.80%	0.05%
2011 年	16.29%	3.52%	12.77%	0.00%	12.77%	0.00%
2012 年	12.62%	2.33%	10.29%	0.00%	10.29%	0.00%
2013 年	11.12%	2.38%	8.73%	0.28%	8.77%	−0.31%
2014 年	9.16%	2.34%	6.82%	−0.43%	7.37%	−0.12%
2015 年	6.00%	2.19%	3.81%	0.00%	3.81%	0.00%
2016 年	0.28%	2.10%	−1.82%	0.00%	−1.82%	0.00%
2017 年	−26.82%	1.87%	−28.69%	0.50%	−29.02%	−0.17%

续上表　印度经济增长核算方程相关数据

2001 年	3.42%	2.63%	0.79%	1.12%	−0.20%	−0.13%
2002 年	6.13%	2.99%	3.14%	0.98%	2.12%	0.04%
2003 年	18.90%	4.15%	14.75%	0.00%	14.75%	0.00%
2004 年	17.61%	4.12%	13.49%	2.49%	10.68%	0.32%
2005 年	17.45%	4.99%	12.47%	0.00%	12.47%	0.00%
2006 年	18.46%	4.93%	13.53%	1.04%	12.39%	0.11%
2007 年	32.34%	2.10%	30.24%	1.01%	28.69%	0.55%
2008 年	0.94%	2.30%	−1.36%	0.00%	−1.36%	0.00%
2009 年	15.10%	3.75%	11.34%	1.16%	10.17%	0.01%
2010 年	23.47%	−1.45%	24.92%	1.06%	23.74%	0.13%

续表

2011 年	11.80%	2.46%	9.33%	2.23%	7.02%	0.08%
2012 年	2.86%	3.26%	-0.40%	1.22%	-1.60%	-0.03%
2013 年	2.97%	3.28%	-0.31%	0.85%	-1.06%	-0.10%
2014 年	10.07%	2.26%	7.81%	0.00%	7.81%	0.00%
2015 年	5.60%	4.31%	1.29%	1.25%	0.03%	0.00%
2016 年	10.84%	4.55%	6.29%	0.72%	5.60%	-0.02%
2017 年	14.87%	2.28%	12.58%	0.63%	11.91%	0.05%

续上表　伊朗经济增长核算方程相关数据

2001 年	15.24%	5.43%	9.81%	0.00%	9.81%	0.00%
2002 年	1.59%	5.48%	-3.89%	0.00%	-3.89%	0.00%
2003 年	18.65%	5.50%	13.14%	1.20%	11.85%	0.09%
2004 年	22.83%	5.42%	17.40%	0.00%	17.40%	0.00%
2005 年	18.47%	5.22%	13.25%	0.00%	13.25%	0.00%
2006 年	17.58%	0.10%	17.48%	1.95%	15.43%	0.10%
2007 年	31.40%	-0.05%	31.45%	0.00%	31.45%	0.00%
2008 年	16.66%	-3.03%	19.68%	2.17%	17.31%	0.21%
2009 年	1.99%	2.84%	-0.85%	-0.30%	-0.71%	0.16%
2010 年	17.64%	-0.03%	17.66%	1.55%	15.95%	0.17%
2011 年	19.73%	0.38%	19.35%	0.16%	18.95%	0.24%
2012 年	2.62%	0.38%	2.25%	0.00%	2.25%	0.00%
2013 年	-21.87%	0.33%	-22.21%	0.00%	-22.21%	0.00%
2014 年	-7.03%	0.24%	-7.27%	0.09%	-7.22%	-0.14%
2015 年	-10.62%	3.91%	-14.53%	0.10%	-14.58%	-0.05%
2016 年	8.40%	4.74%	3.67%	0.03%	3.60%	0.04%
2017 年	4.87%	0.66%	4.21%	0.00%	4.21%	0.00%

续上表　巴基斯坦经济增长核算方程相关数据

2001 年	-3.18%	2.63%	-5.81%	-0.84%	-4.88%	-0.09%
2002 年	3.28%	2.99%	0.29%	3.72%	-3.36%	-0.07%
2003 年	14.69%	4.15%	10.54%	0.00%	10.54%	0.00%
2004 年	15.22%	4.12%	11.09%	-1.71%	13.09%	-0.28%
2005 年	11.44%	4.99%	6.45%	0.00%	6.45%	0.00%
2006 年	26.46%	4.93%	21.53%	2.11%	19.73%	-0.30%
2007 年	14.79%	2.10%	12.69%	4.45%	8.26%	-0.02%

2008 年	6.42%	2.30%	4.12%	−5.41%	9.63%	−0.09%
2009 年	7.07%	3.75%	3.31%	9.22%	−5.62%	−0.29%
2010 年	10.11%	−1.45%	11.56%	4.82%	6.80%	−0.06%
2011 年	21.50%	2.46%	19.04%	1.02%	18.25%	−0.23%
2012 年	11.36%	3.26%	8.10%	6.23%	1.82%	0.05%
2013 年	7.14%	3.28%	3.86%	4.55%	−0.60%	−0.10%
2014 年	1.54%	2.26%	−0.72%	−3.53%	2.96%	−0.15%
2015 年	12.66%	4.31%	8.35%	2.31%	6.13%	−0.09%
2016 年	1.71%	4.55%	−2.84%	−1.93%	−0.85%	−0.06%
2017 年	12.40%	2.28%	10.12%	3.76%	6.51%	−0.15%

（二）识别经济增长主要动力来源的依据

一般而言，在名义经济增长速度为正数的前提下，如果纯生产率效应所对应的劳动生产率增长速度与名义经济增长速度之比大于 50%，说明三大产业劳动生产率的变化是经济增长的主要推动力；如果丹尼森效应所对应的劳动生产率增长速度与名义经济增长速度之比大于 50%，说明劳动力的产业间转移是经济增长的主要推动力；如果鲍默效应所对应的劳动生产率增长速度与名义经济增长速度之比大于 50%，说明三大产业劳动生产率和三大产业劳动力配置结构的交互作用是经济增长的主要推动力；如果劳动力人口增长速度与经济增长速度之比大于 50%，说明劳动力人口增加是经济增长的主要推动力。

（三）上海合作组织成员国经济增长主要推动力

根据表 5-1 中数据，上海合作组织成员国经济增长主要推动力的一个总结，如表 5-2 所示。其中，A 表示三大产业劳动生产率的增加，B 表示劳动力人口增加，C 表示劳动力的产业间转移。

表5-2 上海合作组织成员国经济增长主要推动力的识别

年份	中国经济增长的主要推动力	俄罗斯经济增长的主要推动力	哈萨克斯坦经济增长的主要推动力	吉尔吉斯斯坦经济增长的主要推动力	塔吉克斯坦经济增长的主要推动力	乌兹别克斯坦经济增长的主要推动力	印度经济增长的主要推动力	伊朗经济增长的主要推动力	巴基斯坦经济增长的主要推动力
2001 年	A	B	A	A	A	B	B	A	A
2002 年	A	A	A	B	A	B	A	B	C
2003 年	A	A	A	A	A	B	A	A	A
2004 年	A	B	A	A	A	A	A	A	A
2005 年	A	A	A	A	A	A	A	A	A
2006 年	A	A	A	A	A	A	A	A	A
2007 年	A	A	A	A	A	A	A	A	A
2008 年	A	A	A	A	A	A	B	A	A
2009 年	A	B	B	B	B	A	A	B	C
2010 年	A	A	A	B	A	A	A	A	A
2011 年	A	A	A	A	A	A	A	A	A
2012 年	A	A	A	A	A	A	B	A	C
2013 年	A	A	A	A	A	A	B	A	C
2014 年	A	B	C	B	A	A	A	B	B
2015 年	A	B	C	B	B	A	B	B	A
2016 年	A	A	B	C	B	B	A	B	B
2017 年	A	A	A	A	B	B	A	A	A

第四节 本章小结

本章从产业层面推导了经济增长核算方程的数学表达式，基于2001年至
2017年上海合作组织成员国的 GDP、劳动力人口规模、劳动生产率相关数
据，论证了上海合作组织成员国经济增长的主要动力来源。研究发现：

2001 年至 2017 年，中国经济增长动力主要源于三大产业劳动生产率的增加；2002 年至 2003 年、2005 年至 2008 年、2010 年至 2013 年、2016 年至 2017 年俄罗斯经济增长动力主要源于三大产业劳动生产率的增加，2001 年、2004 年、2009 年、2014 年至 2015 年俄罗斯经济增长动力主要源于劳动力人口增加；2001 年至 2008 年、2010 年至 2013 年、2017 年哈萨克斯坦经济增长动力主要源于三大产业劳动生产率的增加，2009 年、2016 年哈萨克斯坦经济增长动力主要源于劳动力人口增加，2014 年至 2015 年哈萨克斯坦经济增长动力主要源于劳动力的产业间转移。

2001 年、2003 年至 2008 年、2011 年至 2013 年、2017 年吉尔吉斯斯坦经济增长动力主要源于三大产业劳动生产率的增加，2002 年、2009 年至 2010、2014 年至 2015 年吉尔吉斯斯坦经济增长动力主要源于劳动力人口增加，2016 年吉尔吉斯斯坦经济增长动力主要源于劳动力的产业间转移；2001 年至 2008 年塔吉克斯坦经济增长动力主要源于三大产业劳动生产率的增加，2010 年至 2014 年塔吉克斯坦经济增长动力主要源于劳动力人口增加；2004 至 2015 年乌兹别克斯坦经济增长动力主要源于三大产业劳动生产率的增加，2001 年至 2003 年、2016 年至 2017 年乌兹别克斯坦经济增长动力主要源于劳动力人口增加。

2002 年至 2007 年、2009 年至 2011 年、2014 年、2016 年至 2017 年印度经济增长动力主要源于三大产业劳动生产率的增加，2001 年、2008 年、2012 年至 2013 年、2015 年印度经济增长动力主要源于劳动力人口增加；2001 年、2003 年至 2008 年、2010 年至 2013 年、2017 年伊朗经济增长动力主要源于三大产业劳动生产率的增加，2002 年、2009 年、2014 年至 2016 年伊朗经济增长动力主要源于劳动力人口增加；2001 年、2003 年至 2008 年、2010 年至 2011 年、2015 年、2017 年巴基斯坦经济增长动力主要源于三大产业劳动生产率的增加，2014 年、2016 年巴基斯坦经济增长动力主要源于劳动力人口增加，2002 年、2009 年、2012 年至 2013 年巴基斯坦经济增长动力主要源于劳动力的产业间转移。

第二部分

上海合作组织成员国能源安全

基于图论原理的上海合作组织成员国国际能源大通道建设的实证研究

第一节 引言

随着能源国际合作的不断推进，国际能源大通道建设受到越来越多学者的关注。杨成（2008）提出在上海合作组织框架内建立统一能源空间的构想。陈小沁（2008）指出上海合作组织区域能源一体化发展有着强烈的内在需求。韩立华（2006）指出上海合作组织框架内的多边能源合作已经开启。彭靖里等（2007）提出以孟中印缅地区的能源通道建设为契机，推动孟中印缅地区国际能源网络建设。朱建军、邓顺利（2011）提出建设西部能源大通道，在中国境内包括陕西、甘肃、宁夏、新疆、青海、内蒙古、四川、云南、贵州、西藏、重庆、广西，在中国境外，主要辐射哈萨克斯坦、吉尔吉斯斯坦、塔吉克斯坦、乌兹别克斯坦、土库曼斯坦、俄罗斯、印度、巴基斯坦、伊朗、缅甸、蒙古国。杨海霞（2012）指出中国的能源战略必须打通3个通道：马六甲、东亚、西亚。张茉楠（2013）指出中国正在构建3个国际能源大通道。通道一：新丝绸之路正在重绘中国的能源版图；通道二：中缅通道突破了马六甲困局；通道三：新欧亚大陆桥开辟新能源贸易渠道。

上述文献主要是定性分析，缺乏定量研究。关于如何构建国际能源大通道，既缺乏相关的理论依据，又缺乏相关的数学基础。本章首次采用现代数学中的图论原理，为上海合作组织成员国国际能源大通道的构建提供理论支撑，为上海合作组织成员国国际能源大通道路径方案的确定提供数学建模基础。本章的研究对于上海合作组织成员国之间推进多边能源合作具有重要的理论和现实意义。

运用图论原理对上海合作组织成员国国际能源大通道进行实证分析，是本章与已有类似文献的一个显著差别，也是本章在研究方法上的一个重大创新。

第二节　图论原理介绍

图论中的图是由若干给定的点及连接两点的线所构成的图形，这种图形一般用来反映事物之间的某种特定关系。点和线是图的基本要素，以点代表事物，以连接两点的线表示对应两个事物间具有这种关系。

图论起源于哥尼斯城堡七桥问题，瑞士数学家欧拉在 1736 年因为解决了哥尼斯城堡七桥问题，成为图论的创始人。著名的四色问题，[1]也是图论在实际中的重要应用。20 世纪后，图论在计算机科学、运筹学、物理学、化学等领域得到广泛的应用。20 世纪 50 年代后，计算机的快速发展推动了图论的发展，图论目前是现代数学的一个重要分支，也是现代数学领域中发展最快的分支之一。

本章的创新性：由于图论在经济学领域并没有得到相应的应用，本章首次运用图论原理来分析上海合作组织成员国能源国际大通道问题，以揭示上海合作组织成员国地理位置的有机联系，并探讨上海合作组织成员国是否存在能源国际大通道的可能路径。上海合作组织成员国之间的双边能源合作，有利于开展双边能源合作的这两个成员国，但不利于其他成员国。也就是有利于上海合作组织的部分成员国，不利于所有成员国。

加强上海合作组织成员国能源多边合作，是大势所趋、人心所向。构建上海合作组织成员国能源国际大通道，是加强能源多边合作的重要体现。那么，上海合作组织成员国能源国际大通道是否存在？上海合作组织成员国能源国际大通道是否唯一？能源国际大通道如何连接上海合作组织各成员国？本章采用图论原理，对这些问题进行相关论证。

---

〔1〕　在一个平面上的任何地图能够只用四种颜色来着色，使得没有两个相邻国家有相同颜色。

第三节　上海合作组织成员国国际能源大通道建设的必然性分析

（一）上海合作组织成员国分析

2001 年 6 月 5 日，上海合作组织在中国上海正式成立。最初上海合作组织成员国共计 6 个，分别为中国、俄罗斯、哈萨克斯坦、吉尔吉斯斯坦、塔吉克斯坦和乌兹别克斯坦。2017 年 6 月，印度和巴基斯坦正式加入上海合作组织。上海合作组织成员国共计 8 个，分别为中国、俄罗斯、哈萨克斯坦、吉尔吉斯斯坦、塔吉克斯坦、乌兹别克斯坦、印度和巴基斯坦。2021 年 9 月，伊朗正式加入上海合作组织。到 2023 年上海合作组织成员国共计 9 个，分别为中国、俄罗斯、哈萨克斯坦、吉尔吉斯斯坦、塔吉克斯坦、乌兹别克斯坦、印度、巴基斯坦和伊朗。

（二）上海合作组织成员国能源进出口状况分析

中国是上海合作组织中最大的能源净进口国，俄罗斯是上海合作组织中最大的能源出口国。表 6-1 是 2012 年至 2014 年上海合作组织成员国能源净进口占能源消费的比重。表 6-1 中数据显示，中国、吉尔吉斯斯坦、塔吉克斯坦、印度和巴基斯坦是能源净进口国，俄罗斯、哈萨克斯坦、乌兹别克斯坦和伊朗是能源净出口国。

表 6-1　上海合作组织成员国能源净进口占能源消费的比重

上海合作组织成员国	2012 年	2013 年	2014 年
中国	14.4%	14.8%	15%
俄罗斯	−77.9%	−83.8%	−83.7%
哈萨克斯坦	−122.9%	−107.3%	−116.9%
吉尔吉斯斯坦	57.7%	55.47%	49.54%
塔吉克斯坦	28.74%	33.7%	36.25%
乌兹别克斯坦	−17.5%	−26.16%	——
印度	31.5%	32.5%	34.3%

| 巴基斯坦 | 22.8% | 23.4% | 24.1% |
| 伊朗 | -37.2% | -34.8% | -33.4% |

注：相关数据源于《国际统计年鉴》。表中"——"表示相关数据缺失。

（三）上海合作组织成员国能源大通道建设的优势分析

上海合作组织成员国国际能源大通道建设是上海合作组织成员国之间能源多边合作的典型形式。能源双边合作，只有利于开展能源合作的双方。例如，中国是上海合作组织最大的能源进口国，俄罗斯是上海合作组织最大的能源出口国，中俄开展能源合作，只有利于中国和俄罗斯，但对上海合作组织其他成员国并没有好处。相对于传统的能源双边合作形式而言，上海合作组织成员国国际能源大通道建设对上海合作组织所有成员国的能源合作都有利，也就是上海合作组织成员国国际能源大通道建设会惠及上海合作组织所有成员国。

第四节　基于图论原理的上海合作组织成员国国际能源大通道路径的存在性分析

（一）上海合作组织成员国的地理位置分析

图 6-1 是伊朗加入上海合作组织之前，上海合作组织 8 个成员国地理位置的相邻关系。图 6-1 中的直线表示边界线。如果任意两个成员国接壤，则表示这两个成员国地理位置相邻，在图 6-1 中体现为这两个成员国之间会有一条共同的边界线经过；如果任意两个成员国不接壤，则表示这两个成员国地理位置不相邻，在图 6-1 中体现为这两个成员国之间不会有一条共同的边界线经过。

本章所有图片中，数字 1 代表吉尔吉斯斯坦，数字 2 代表俄罗斯，数字 3 代表乌兹别克斯坦，数字 4 代表中国，数字 5 代表塔吉克斯坦，数字 6 代表印度，数字 7 代表巴基斯坦，数字 8 代表哈萨克斯坦。

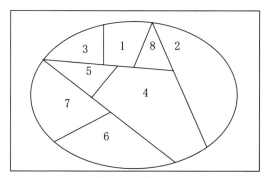

图6-1 上海合作组织成员国地理位置相邻关系

例如，图6-1中俄罗斯、哈萨克斯坦、吉尔吉斯斯坦、塔吉克斯坦、印度和巴基斯坦均与中国地理位置相邻，因此这些国家与中国均存在共同的边界线。乌兹别克斯坦与中国地理位置不相邻，因此乌兹别克斯坦与中国没有一条共同的边界线经过。根据图6-1中上海合作组织成员国地理位置的相邻关系，描绘上海合作组织8个成员国地理位置的网络图，如图6-2所示。

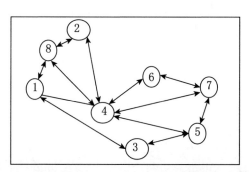

图6-2 基于图论原理的上海合作组织成员国地理位置网络图

如果两个成员国地理位置相邻，在图6-2中体现为这两个成员国之间存在一条连线；如果两个成员国地理位置不相邻，在图6-2中体现为这两个成员国之间不存在一条连线。

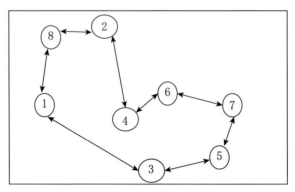

图 6-3 联通上海合作组织 8 个成员国的一条闭环通道

根据图 6-2 上海合作组织成员国地理位置的网络图，本节发现存在唯一一条闭环通道，这条通道联通上海合作组织所有成员国，如图 6-3 所示。图 6-3 显示，在伊朗加入上海合作组织之前，上海合作组织存在唯一一条闭环国际能源大通道，这条联通上海合作组织所有成员国的闭环通道依次经过中国、印度、巴基斯坦、塔吉克斯坦、乌兹别克斯坦、吉尔吉斯斯坦、哈萨克斯坦、俄罗斯，反方向也可以成立。

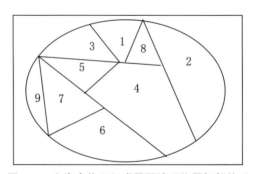

图 6-4 上海合作组织成员国地理位置相邻关系

根据图 6-4 中上海合作组织成员国地理位置的相邻关系，本节描绘了上海合作组织 9 个成员国地理位置的网络图（数字 9 为伊朗）。如图 6-5 所示。

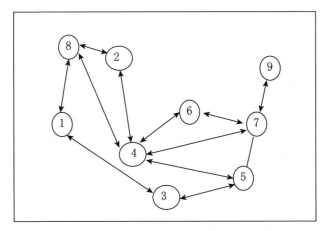

图6-5 基于图论原理的上海合作组织成员国地理位置网络图

根据图6-5中上海合作组织9个成员国地理位置的网络图，本节发现存在唯一一条单向通道，这条单向通道可以联通上海合作组织所有成员国，如图6-6所示。图6-6显示，上海合作组织存在唯一一条单向的国际能源大通道，这条单向的国际能源大通道依次经过塔吉克斯坦、乌兹别克斯坦、吉尔吉斯斯坦、哈萨克斯坦、俄罗斯、中国、印度、巴基斯坦和伊朗，反方向也成立。

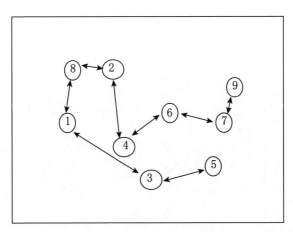

图6-6 联通上海合作组织9个成员成员国的唯一一条单向通道

（二）阿富汗、白俄罗斯和蒙古国均加入上海合作组织之后，上海合作组织成员国的地理位置分析

图6-7是阿富汗、白俄罗斯和蒙古国均加入上海合作组织之后，12个成员国地理位置的相邻关系。其中，数字1代表吉尔吉斯斯坦，数字2代表俄罗斯，数字3代表乌兹别克斯坦，数字4代表中国，数字5代表塔吉克斯坦，数字6代表印度，数字7代表巴基斯坦，数字8代表哈萨克斯坦，数字9代表伊朗，数字10代表阿富汗，数字11代表白俄罗斯，数字12代表蒙古国。

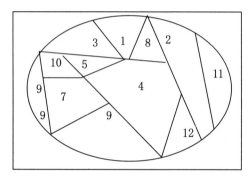

图6-7　上海合作组织成员国地理位置相邻关系

根据图6-7中上海合作组织成员国地理位置的相邻关系，本节描绘了上海合作组织相关国家地理位置的网络图。如图6-8所示。

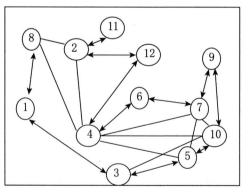

图6-8　基于图论原理的上海合作组织相关国家的能源大通道图

根据图6-8中上海合作组织相关地理位置的网络图，本节发现存在唯一

一条单向通道，这条单向通道可以联通上海合作组织所有相关，如图 6-9 所示。

　　图 6-9 显示，上海合作组织存在唯一一条单向的国际能源大通道，这条单向的国际能源大通道依次经过白俄罗斯、俄罗斯、蒙古国、中国、印度、巴基斯坦、伊朗、阿富汗、塔吉克斯坦、乌兹别克斯坦、吉尔吉斯斯坦和哈萨克斯坦，反方向也成立。

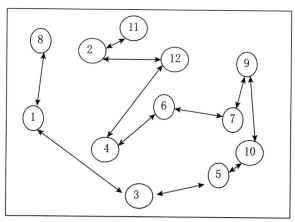

图 6-9　联通上海合作组织相关国家的一条单向通道

第五节　本章小结

　　本章采用图论原理对上海合作组织成员国国际能源大通道建设进行了实证研究，发现：在伊朗正式加入上海合作组织之前，上海合作组织成员国之间存在唯一一条闭环的国际能源大通道，这条国际能源大通道依次经过中国、印度、巴基斯坦、塔吉克斯坦、乌兹别克斯坦、吉尔吉斯斯坦、哈萨克斯坦、俄罗斯。

　　在伊朗正式加入上海合作组织之后，上海合作组织成员国之间存在唯一一条单向的国际能源大通道，这条单向的国际能源大通道依次经过塔吉克斯坦、乌兹别克斯坦、吉尔吉斯斯坦、哈萨克斯坦、俄罗斯、中国、印度、巴基斯坦和伊朗（或者依次经过伊朗、巴基斯坦、印度、中国、俄罗斯、哈萨克斯坦、吉尔吉斯斯坦、乌兹别克斯坦和塔吉克斯坦）。

　　如果阿富汗、白俄罗斯和蒙古国以后正式加入上海合作组织之后，上海合作组织相关国家之间存在唯一一条单向的国际能源大通道，这条单向的国际能源大通道依次经过白俄罗斯、俄罗斯、蒙古国、中国、印度、巴基斯坦、伊朗、阿富汗、塔吉克斯坦、乌兹别克斯坦、吉尔吉斯斯坦和哈萨克斯坦（或者依次经过哈萨克斯坦、吉尔吉斯斯坦、乌兹别克斯坦、塔吉克斯坦、阿富汗、伊朗、巴基斯坦、印度、中国、蒙古国、俄罗斯和白俄罗斯）。

第三部分

上海合作组织成员国碳排放

上海合作组织成员国碳达峰时间问题研究

第一节　数据

表 7-1　上海合作组织成员国碳排放量（单位：百万吨）

年份	中国	巴基斯坦	印度	伊朗	俄罗斯	哈萨克斯坦	塔吉克斯坦	吉尔吉斯斯坦	乌兹别克斯坦	上合区域整体
1971 年	780.185	15.873	180.862	38.904	—	—	—	—	—	—
1972 年	831.391	16	188.08	43.019	—	—	—	—	—	—
1973 年	864.162	16.99	187.871	51.987	—	—	—	—	—	—
1974 年	881.732	17.959	203.446	58.707	—	—	—	—	—	—
1975 年	1029.319	19.982	217.216	68.033	—	—	—	—	—	—
1976 年	1071.332	19.092	232.161	77.828	—	—	—	—	—	—
1977 年	1212.912	20.302	236.545	87.472	—	—	—	—	—	—
1978 年	1371.804	21.283	231.005	86.548	—	—	—	—	—	—
1979 年	1396.172	22.972	250.626	95.754	—	—	—	—	—	—
1980 年	1363.83	24.316	263.389	88.5	—	—	—	—	—	—
1981 年	1356.639	26.266	289.576	90.518	—	—	—	—	—	—
1982 年	1413.444	29.179	306.056	102.307	—	—	—	—	—	—
1983 年	1484.994	30.633	326.615	122.994	—	—	—	—	—	—
1984 年	1619.386	33.067	360.452	133.201	—	—	—	—	—	—
1985 年	1626.027	36.499	376.47	145.048	—	—	—	—	—	—
1986 年	1721.418	38.504	410.219	134.599	—	—	—	—	—	—
1987 年	1842.603	45.196	442.107	143.968	—	—	—	—	—	—
1988 年	1985.478	49.015	466.78	147.479	—	—	—	—	—	—

1989 年	2055.352	53.235	501.58	162.747	—	—	—	—	—	—
1990 年	2088.854	55.974	530.119	171.246	2163.533	237.251	11.018	22.762	117.768	5398.525
1991 年	2200.885	57.147	571.46	191.27	2136.444	246.366	10.172	20.423	118.585	5552.752
1992 年	2295.775	63.81	595.363	206.422	1959.348	252.398	7.49	13.297	110.584	5504.487
1993 年	2500.73	70.371	620.893	208.882	1799.795	216.238	5.02	9.794	111.371	5543.094
1994 年	2599.503	72.968	655.417	238.344	1596.390	194.436	2.937	6.365	105.072	5471.432
1995 年	2900.265	79.258	704.335	244.57	1548.252	170.519	2.46	4.459	94.581	5748.699
1996 年	2871.981	82.219	737.745	251.258	1521.658	148.261	2.216	5.528	95.665	5716.531
1997 年	2925.749	85.724	779.068	263.606	1414.792	125.62	2.496	5.399	96.956	5699.41
1998 年	3020.717	86.595	794.998	266.084	1406.588	128.266	2.757	5.72	112.324	5824.049
1999 年	2920.897	94.9	854.582	298.555	1442.982	115.894	2.53	4.62	113.24	5848.2
2000 年	3097.355	94.385	889.824	312.265	1474.394	112.014	2.177	4.45	119.97	6106.834
2001 年	3253.464	95.423	904.845	327.351	1474.670	109.246	2.116	3.762	120.569	6291.446
2002 年	3508.939	97.931	934.659	343.057	1465.851	119.577	2.085	4.738	123.403	6600.24
2003 年	4065.496	100.493	959.013	357.394	1493.896	134.803	2.094	5.261	115.983	7234.433
2004 年	4739.587	112.71	1028.272	385.876	1488.201	146.417	2.502	5.187	118.935	8027.687
2005 年	5407.397	114.97	1074.985	417.781	1481.897	156.902	2.347	4.892	112.16	8773.331
2006 年	5961.796	124.417	1148.465	449.26	1537.703	172.937	2.549	4.877	119.901	9521.905
2007 年	6473.26	136.348	1266.47	480.065	1533.725	187.205	3.115	5.963	116.282	10 202.43
2008 年	6668.971	130.404	1349.159	487.344	1553.838	230.259	2.948	7.006	121.243	10 551.17
2009 年	7130.927	133.728	1481.612	504.287	1440.681	202.716	2.31	6.522	110.596	11 013.38
2010 年	7830.589	129.169	1572.14	498.608	1529.228	221.101	2.303	6.04	119.929	11 909.11
2011 年	8569.031	130.67	1662.617	507.802	1604.743	234.817	2.418	7.211	122.811	12 842.12
2012 年	8823.374	132.274	1805.421	514.469	1607.950	233.827	2.892	9.564	107.088	13 236.86
2013 年	9232.659	133.091	1861.154	538.251	1568.533	249.16	3.007	8.72	106.324	13 700.9
2014 年	9224.086	141.315	2027.552	559.171	1551.605	197.818	4.022	9.032	99.517	13 814.12
2015 年	9135.17	150.689	2036.12	555.801	1533.084	179.593	4.212	9.684	93.88	13 698.23
2016 年	9127.944	166.262	2067.827	556.955	1509.691	193.079	5.429	9.193	99.954	13 736.33
2017 年	9334.86	183.42	2196.403	574.675	1537.177	205.736	5.845	8.842	104.517	14 151.48
2018 年	9712.785	171.252	2310.246	586.225	1601.531	208.453	6.798	10.494	107.576	14 715.36
2019 年	9876.496	174.509	2309.98	583.515	1640.328	205.045	7.539	9.293	111.809	14 918.51

注：数据来源于 OECD 国家数据库。

第二节 上海合作组织成员国碳达峰时间分析

由表 7-1 中第 6 列数据可知，俄罗斯碳排放量在 1990 年之后不断下降，这说明俄罗斯在 1990 年前已经实现碳达峰。

由表 7-1 中第 7 列数据可知，哈萨克斯坦碳排放量在 1990 年之后不断增加，到 1992 年达到最大碳排放量 252.398 百万吨，1992 年之后碳排放量不断减少，这说明哈萨克斯坦在 1992 年实现碳达峰。

由表 7-1 中第 8 列数据可知，塔吉克斯坦碳排放量在 1990 年之后不断下降，这说明塔吉克斯坦在 1990 年前已经实现碳达峰。由表 7-1 中第 9 列数据可知，吉尔吉斯斯坦碳排放量在 1990 年之后不断下降，这说明吉尔吉斯斯坦在 1990 年前已经实现碳达峰。由表 7-1 中第 10 列数据可知，乌兹别克斯坦碳排放量在 1990 年为 117.768 百万吨，到 2002 年达到最大碳排放量 123.403 百万吨，2002 年之后乌兹别克斯坦碳排放量总体上趋于下降，到 2019 年碳排放量减少到 111.809 百万吨。

1. 中国碳达峰时间预测分析

根据表 7-1 中，第 2 列数据可以得到中国 1971 年至 2019 年碳排放量散点图。

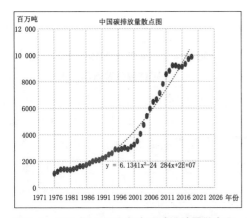 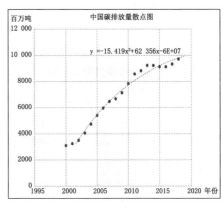

图 7-1 1971 年至 2019 年中国碳排放量散点图 图 7-2 2000 年至 2019 年中国碳排放量散点图

图 7-1 是 1971 年至 2019 年中国碳排放量的散点图，散点所对应的拟合

线为 U 型曲线，这意味着中国的碳排放量会一直增加。

图 7-2 是 2000 年至 2019 年中国碳排放量的散点图，散点所对应的拟合线为倒 U 型曲线，倒 U 型曲线方程为 $y = -15.419x^2 + 62\,356x - 60\,000\,000$。根据倒 U 型曲线方程可以计算出中国碳排放量达峰的时间为 2022 年。

2. 巴基斯坦碳达峰时间预测分析

图 7-3 是 1971 年至 2019 年巴基斯坦碳排放量的散点图，散点所对应的拟合线为 U 型曲线，这意味着巴基斯坦的碳排放量会一直增加。

图 7-4 是 2000 年至 2019 年巴基斯坦碳排放量的散点图，散点所对应的拟合线为 U 型曲线，这意味着巴基斯坦的碳排放量会一直增加。

图 7-5 是 2015 年至 2019 年巴基斯坦碳排放量的散点图，散点所对应的拟合线为倒 U 型曲线，倒 U 型曲线方程为 $y = -3.8541x^2 + 15\,553x - 20\,000\,000$。根据倒 U 型曲线方程可以计算出巴基斯坦碳排放量达峰的时间为 2017 年。

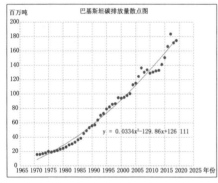

图 7-3　1971 年至 2019 年巴基斯坦碳排放量散点图

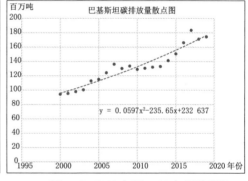

图 7-4　2000 年至 2019 年巴基斯坦碳排放量散点图

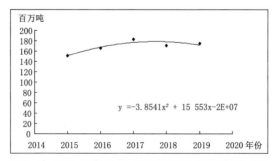

图 7-5　2015 年至 2019 年巴基斯坦碳排放量散点图

3. 印度碳达峰时间预测分析

图 7-6 是 1971 年至 2019 年印度碳排放量的散点图，散点所对应的拟合线为 U 型曲线，这意味着印度的碳排放量会一直增加。

图 7-7 是 2000 年至 2019 年印度碳排放量的散点图，散点所对应的拟合线为 U 型曲线，这意味着印度的碳排放量会一直增加。

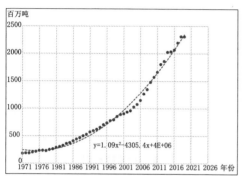

图 7-6　1971 年至 2019 年印度碳
排放量散点图

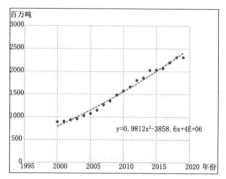

图 7-7　2000 年至 2019 年印度碳
排放量散点图

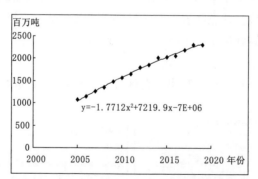

图 7-8　2005 年至 2019 年印度碳排放量散点图

图 7-8 是 2005 年至 2019 年印度碳排放量的散点图，散点所对应的拟合线为倒 U 型曲线，倒 U 型曲线方程为 $y = -1.7712x^2 + 7219.9x - 7\,000\,000$。根据倒 U 型曲线方程可以计算出印度碳排放量达峰的时间为 2038 年。

4. 伊朗碳达峰时间预测分析

图 7-9 是 1971 年至 2019 年伊朗碳排放量的散点图，散点所对应的拟合线为 U 型曲线，这意味着伊朗的碳排放量会一直增加。

图 7-10 是 2000 年至 2019 年伊朗碳排放量的散点图，散点所对应的拟合线为倒 U 型曲线，倒 U 型曲线方程为 $y=-0.6285x^2+2540.9x-3\,000\,000$。根据倒 U 型曲线方程可以计算出伊朗碳排放量达峰的时间为 2021 年。

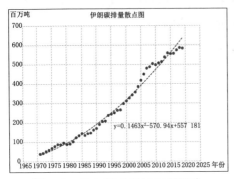

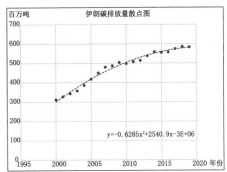

图 7-9　1971 年至 2019 年伊朗碳
排放量散点图

图 7-10　2000 年至 2019 年伊朗
碳排放量散点图

5. 上合区域碳达峰时间预测

图 7-11 是 1971 年至 2019 年上合区域碳排放量的散点图，散点所对应的拟合线为 U 型曲线，这意味着上合区域的碳排放量会一直增加。

图 7-12 是 2000 年至 2019 年上合区域碳排放量的散点图，散点所对应的拟合线为倒 U 型曲线，倒 U 型曲线方程为 $y=-15.792x^2+63\,972x-60\,000\,000$。根据倒 U 型曲线方程可以计算出上合区域碳排放量达峰的时间为 2033 年。

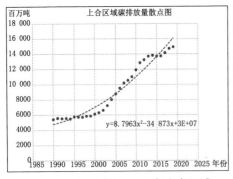

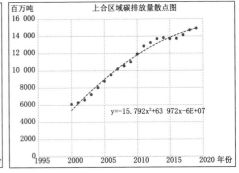

图 7-11 1971 年至 2019 年上合区域
碳排放量散点图

图 7-12 2000 年至 2019 年上合区域
碳排放量散点图

第三节　本章小结

表7-2 是上海合作组织区域及各成员国碳达峰时间的一个小结。表7-2 显示，俄罗斯、塔吉克斯坦和吉尔吉斯斯坦在 1990 年之前已经实现碳达峰。这说明，上海合作组织成员国中俄罗斯、塔吉克斯坦和吉尔吉斯斯坦实现碳达峰的时间比较早。

表7-2 显示，中国在 2022 年实现碳达峰，巴基斯坦在 2017 年实现碳达峰，伊朗在 2021 年实现碳达峰，乌兹别克斯坦在 2002 年实现碳达峰，哈萨克斯坦在 1992 年实现碳达峰，印度在 2038 年实现碳达峰，这说明上海合作组织成员国中印度实现碳达峰的时间最晚。表7-2 显示，上海合作组织区域整体在 2033 年实现碳达峰。

表7-2　上海合作组织各成员国及整体碳达峰时间

中国	巴基斯坦	印度	伊朗	俄罗斯	哈萨克斯坦	塔吉克斯坦	吉尔吉斯斯坦	乌兹别克斯坦	上合区域整体
2022 年	2017 年	2038 年	2021 年	1990 年之前	1992 年	1990 年之前	1990 年之前	2002 年	2033 年

环境库兹涅茨曲线在上海合作组织区域的检验

第一节 数据

环境库兹涅茨曲线（EKC 曲线）是反映经济增长与环境污染排放量之间数量关系的一条曲线。EKC 曲线问题是重要的经济安全问题，一直是国内外学者研究的热点话题。随着人均 GDP 的增加，环境污染排放量先增加后减少，这是 EKC 曲线的主要形态。当横坐标为人均 GDP，纵坐标为碳排放量，则人均 GDP 与环境污染排放量之间呈现出倒 U 型曲线特征。本章以上海合作组织区域（简称上合区域）为研究对象，以碳排放量为环境污染物，来检验其 EKC 曲线是否成立。

表 8-1 是上合区域的名义 GDP 与碳排放量总量数据，相关数据源于国家统计局。

表 8-1 上合区域的名义 GDP 与碳排放量总量数据

年份	上合区域的名义人均 GDP（单位：美元/人）	上合区域碳排放量总量（单位：百万吨）
1998 年	6890	5824.049
1999 年	6310	5848.2
2000 年	6230	6106.834
2001 年	6350	6291.446
2002 年	6840	6600.24

2003 年	8040	7234.433
2004 年	9920	8027.687
2005 年	12 330	8773.331
2006 年	15 380	9521.905
2007 年	19 510	10 202.43
2008 年	23 950	10 551.17
2009 年	25 250	11 013.38
2010 年	27 880	11 909.11
2011 年	31 010	12 842.12
2012 年	35 910	13 236.86
2013 年	39 990	13 700.9
2014 年	39 480	13 814.12
2015 年	34 710	13 698.23
2016 年	30 110	13 736.33
2017 年	28 441	14 151.48

注：数据源于国家统计局。

第二节　上海合作组织 EKC 曲线分析

根据表 8-1 中数据可以得到上合区域的名义 GDP 与碳排放量数量的散点图，如图 8-1 所示。散点所对应的拟合线为倒 U 型，这说明上合区域的 EKC 曲线（环境库兹涅茨倒 U 型曲线）是成立的。

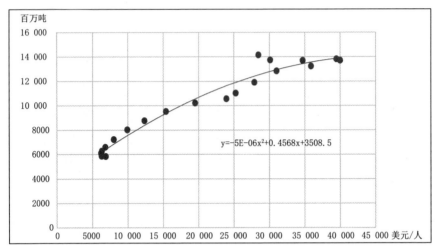

图 8-1　上合区域的名义 GDP 与碳排放量散点图及拟合线

（一）中国的 EKC 曲线检验

表 8-2 是中国的名义 GDP 与碳排放量总量数据，相关数据源于国家统计局。

表 8-2　中国的名义 GDP 与碳排放量总量数据

年份	中国的名义人均 GDP （单位：美元/人）	中国区域碳排放量总量 （单位：百万吨）
1998 年	2440	3020.717
1999 年	2643	2920.897
2000 年	2910	3097.355
2001 年	3199	3253.464
2002 年	3523	3508.939
2003 年	3926	4065.496
2004 年	4413	4739.587
2005 年	5039	5407.397
2006 年	5821	5961.796

续表

2007 年	6793	6473.26
2008 年	7555	6668.971
2009 年	8288	7130.927
2010 年	9232	7830.589
2011 年	10 261	8569.031
2012 年	11 127	8823.374
2013 年	11 838	9232.659
2014 年	12 439	9224.086
2015 年	12 866	9135.17
2016 年	13 440	9127.944
2017 年	14 204	9334.86

注：数据源于国家统计局。

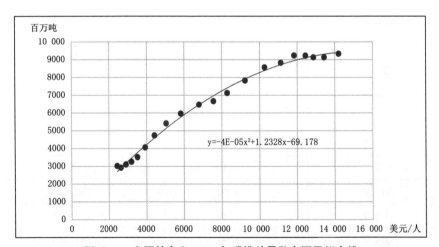

图 8-2　中国的名义 GDP 与碳排放量散点图及拟合线

根据表 8-2 中数据可以得到中国的名义 GDP 与碳排放量数量的散点图，如图 8-2 所示。散点所对应的拟合线为倒 U 型，这说明中国的 EKC 曲线（环境库兹涅茨倒 U 型曲线）是成立的。

（二）巴基斯坦的 EKC 曲线检验

表 8-3 是巴基斯坦的名义 GDP 与碳排放量总量数据，相关数据源于国家统计局。

表 8-3　巴基斯坦的名义 GDP 与碳排放量总量数据

年份	巴基斯坦的名义人均 GDP（单位：美元/人）	巴基斯坦区域碳排放量总量（单位：百万吨）
1998 年	470	86.595
1999 年	460	94.9
2000 年	490	94.385
2001 年	500	95.423
2002 年	510	97.931
2003 年	560	100.493
2004 年	640	112.71
2005 年	730	114.97
2006 年	820	124.417
2007 年	910	136.348
2008 年	1010	130.404
2009 年	1060	133.728
2010 年	1080	129.169
2011 年	1150	130.67
2012 年	1260	132.274
2013 年	1360	133.091
2014 年	1390	141.315
2015 年	1430	150.689
2016 年	1500	166.262
2017 年	1580	183.42

注：数据源于国家统计局。

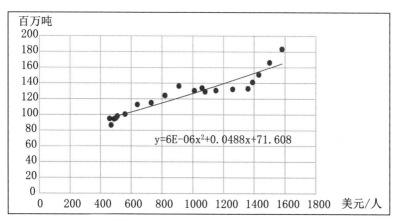

图 8-3　巴基斯坦的名义 GDP 与碳排放量散点图及拟合线

根据表 8-3 中数据可以得到巴基斯坦的名义 GDP 与碳排放量数量的散点图，如图 8-3 所示。散点所对应的拟合线为 U 型，这说明巴基斯坦的 EKC 曲线（环境库兹涅茨倒 U 型曲线）是不成立的。

（三）印度的 EKC 曲线检验

表 8-4 是印度域的名义 GDP 与碳排放量总量数据，相关数据源于国家统计局。

表 8-4　印度名义 GDP 与碳排放量总量数据

年份	印度的名义人均 GDP（单位：美元/人）	印度碳排放量总量（单位：百万吨）
1998 年	410	410
1999 年	430	430
2000 年	440	440
2001 年	450	450
2002 年	450	450
2003 年	510	510
2004 年	600	600

续表

2005 年	700	700
2006 年	790	790
2007 年	920	920
2008 年	1000	1000
2009 年	1110	1110
2010 年	1220	1220
2011 年	1380	1380
2012 年	1480	1480
2013 年	1520	1520
2014 年	1560	1560
2015 年	1600	1600
2016 年	1680	1680
2017 年	1820	1820

注：数据源于国家统计局。

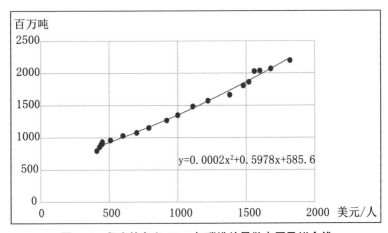

$$y=0.0002x^2+0.5978x+585.6$$

图 8-4 印度的名义 GDP 与碳排放量散点图及拟合线

根据表 8-4 中数据可以得到印度的名义 GDP 与碳排放量数量的散点图，如图 8-4 所示。散点所对应的拟合线为 U 型，这说明印度的 EKC 曲线（环境库兹涅茨倒 U 型曲线）是不成立的。

（四）伊朗的 EKC 曲线检验

表 8-5 是伊朗的名义 GDP 与碳排放量总量数据，相关数据源于国家统计局。

表 8-5　伊朗名义 GDP 与碳排放量总量数据

年份	伊朗的名义人均 GDP （单位：美元/人）	伊朗碳排放量总量 （单位：百万吨）
1998 年	1800	266.084
1999 年	1710	298.555
2000 年	1740	312.265
2001 年	1770	327.351
2002 年	1860	343.057
2003 年	2180	357.394
2004 年	2490	385.876
2005 年	2930	417.781
2006 年	3450	449.26
2007 年	4230	480.065
2008 年	4900	487.344
2009 年	5460	504.287
2010 年	6140	498.608
2011 年	6790	507.802
2012 年	7050	514.469
2013 年	6950	538.251
2014 年	6470	559.171
2015 年	5340	555.801
2016 年	5470	556.955
2017 年	5400	574.675

注：数据源于国家统计局。

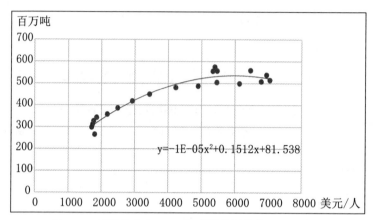

$$y=-1E-05x^2+0.1512x+81.538$$

图 8-5　伊朗的名义 GDP 与碳排放量散点图及拟合线

根据表 8-5 中数据可以得到伊朗的名义 GDP 与碳排放量数量的散点图，如图 8-5 所示。散点所对应的拟合线为倒 U 型，这说明伊朗的 EKC 曲线（环境库兹涅茨倒 U 型曲线）是成立的。

（五）俄罗斯的 EKC 曲线检验

表 8-6 是俄罗斯的名义 GDP 与碳排放量总量数据，相关数据来源于国家统计局。

表 8-6　俄罗斯名义 GDP 与碳排放量总量数据

年份	俄罗斯的名义人均 GDP （单位：美元/人）	俄罗斯碳排放量总量 （单位：百万吨）
1998 年	2130	1406.588
1999 年	1750	1442.982
2000 年	1710	1474.394
2001 年	1780	1474.670
2002 年	2100	1465.851
2003 年	2580	1493.896
2004 年	3410	1488.201
2005 年	4450	1481.897

续表

年份	俄罗斯的名义人均GDP (单位：美元/人)	俄罗斯碳排放量总量 (单位：百万吨)
2006 年	5800	1537.703
2007 年	7560	1533.725
2008 年	9590	1553.838
2009 年	9230	1440.681
2010 年	9980	1529.228
2011 年	11 150	1604.743
2012 年	13 520	1607.950
2013 年	15 200	1568.533
2014 年	14 660	1551.605
2015 年	11 760	1533.084
2016 年	9720	1509.691
2017 年	9231	1537.177

注：数据源于国家统计局。

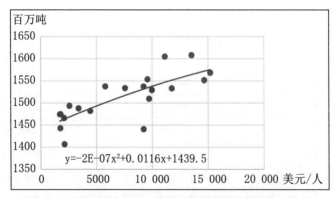

图 8-6　俄罗斯的名义 GDP 与碳排放量散点图及拟合线

根据表 8-6 中数据可以得到俄罗斯的名义 GDP 与碳排放量数量的散点图，如图 8-6 所示。散点所对应的拟合线为倒 U 型，这说明俄罗斯的 EKC 曲线（环境库兹涅茨倒 U 型曲线）是成立的。

（六）哈萨克斯坦的 EKC 曲线检验

表 8-7 是哈萨克斯坦的名义 GDP 与碳排放量总量数据，相关数据源于国家统计局。

表 8-7　哈萨克斯坦名义 GDP 与碳排放量总量数据

年份	哈萨克斯坦的名义人均 GDP（单位：美元/人）	哈萨克斯坦碳排放量总量（单位：百万吨）
1998 年	1390	128.266
1999 年	1290	115.894
2000 年	1260	112.014
2001 年	1350	109.246
2002 年	1520	119.577
2003 年	1800	134.803
2004 年	2300	146.417
2005 年	2950	156.902
2006 年	3860	172.937
2007 年	4980	187.205
2008 年	6150	230.259
2009 年	6780	202.716
2010 年	7440	221.101
2011 年	8280	234.817
2012 年	9940	233.827
2013 年	11 840	249.16
2014 年	12 090	197.818
2015 年	11 420	179.593
2016 年	8800	193.079
2017 年	7890	205.736

注：数据源于国家统计局。

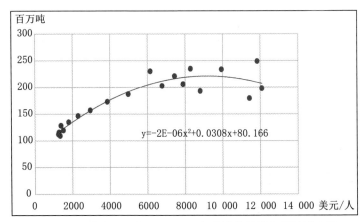

百万吨

$y=-2E-06x^2+0.0308x+80.166$

图 8-7　哈萨克斯坦的名义 GDP 与碳排放量散点图及拟合线

根据表 8-7 中数据可以得到哈萨克斯坦的名义 GDP 与碳排放量数量的散点图，如图 8-7 所示。散点所对应的拟合线为倒 U 型，这说明哈萨克斯坦的 EKC 曲线（环境库兹涅茨倒 U 型曲线）是成立的。

（七）塔吉克斯坦的 EKC 曲线检验

表 8-8 是塔吉克斯坦的名义 GDP 与碳排放量总量数据，相关数据源于国家统计局。

表 8-8　塔吉克斯坦名义 GDP 与碳排放量总量数据

年份	塔吉克斯坦的名义人均 GDP （单位：美元/人）	塔吉克斯坦碳排放量总量 （单位：百万吨）
1998 年	180	2.757
1999 年	180	2.53
2000 年	170	2.177
2001 年	160	2.116
2002 年	170	2.085
2003 年	210	2.094
2004 年	260	2.502
2005 年	320	2.347

续表

年份	塔吉克斯坦的名义人均GDP（单位：美元/人）	塔吉克斯坦碳排放量总量（单位：百万吨）
2006年	370	2.549
2007年	440	3.115
2008年	570	2.948
2009年	650	2.31
2010年	910	2.303
2011年	1000	2.418
2012年	1140	2.892
2013年	1320	3.007
2014年	1340	4.022
2015年	1240	4.212
2016年	1110	5.429
2017年	990	5.845

注：数据源于国家统计局。

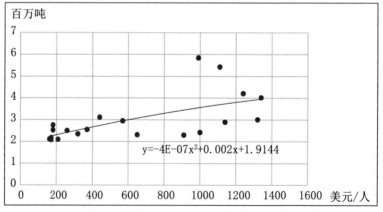

图8-8　塔吉克斯坦的名义GDP与碳排放量散点图及拟合线

　　根据表8-8中数据可以得到塔吉克斯坦的名义GDP与碳排放量数量的散点图，如图8-8所示。散点所对应的拟合线为倒U型，这说明塔吉克斯坦的

EKC 曲线（环境库兹涅茨倒 U 型曲线）是成立的。

（八）吉尔吉斯斯坦的 EKC 曲线检验

表 8-9 是吉尔吉斯斯坦的名义 GDP 与碳排放量总量数据，相关数据源于国家统计局。

表 8-9　吉尔吉斯斯坦名义 GDP 与碳排放量总量数据

年份	吉尔吉斯斯坦的名义人均 GDP（单位：美元/人）	吉尔吉斯斯坦碳排放量总量（单位：百万吨）
1998 年	360	5.72
1999 年	300	4.62
2000 年	280	4.45
2001 年	280	3.762
2002 年	290	4.738
2003 年	340	5.261
2004 年	400	5.187
2005 年	450	4.892
2006 年	500	4.877
2007 年	610	5.963
2008 年	760	7.006
2009 年	860	6.522
2010 年	850	6.04
2011 年	880	7.211
2012 年	1040	9.564
2013 年	1190	8.72
2014 年	1250	9.032
2015 年	1180	9.684
2016 年	1110	9.193
2017 年	1130	8.842

注：数据源于国家统计局。

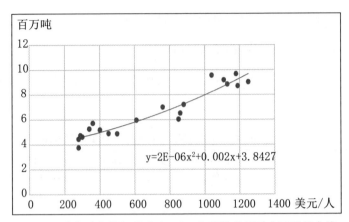

图 8-9 吉尔吉斯斯坦的名义 GDP 与碳排放量散点图及拟合线

根据表 8-9 中数据可以得到吉尔吉斯斯坦的名义 GDP 与碳排放量数量的散点图，如图 8-9 所示。散点所对应的拟合线为 U 型，这说明吉尔吉斯斯坦的 EKC 曲线（环境库兹涅茨倒 U 型曲线）是不成立的。

（九）乌兹别克斯坦的 EKC 曲线检验

表 8-10 是乌兹别克斯坦的名义 GDP 与碳排放量总量数据，相关数据源于国家统计局。

表 8-10 乌兹别克斯坦名义 GDP 与碳排放量总量数据

年份	乌兹别克斯坦的名义人均 GDP（单位：美元/人）	乌兹别克斯坦碳排放量总量（单位：百万吨）
1998 年	620	112.324
1999 年	650	113.24
2000 年	630	119.97
2001 年	560	120.569
2002 年	450	123.403
2003 年	420	115.983
2004 年	460	118.935
2005 年	530	112.16

续表

年份	乌兹别克斯坦的名义人均GDP （单位：美元/人）	乌兹别克斯坦碳排放量总量 （单位：百万吨）
2006 年	610	119. 901
2007 年	770	116. 282
2008 年	980	121. 243
2009 年	1160	110. 596
2010 年	1340	119. 929
2011 年	1530	122. 811
2012 年	1740	107. 088
2013 年	1970	106. 324
2014 年	2110	99. 517
2015 年	2170	93. 88
2016 年	2220	99. 954
2017 年	1980	104. 517

注：数据源于国家统计局。

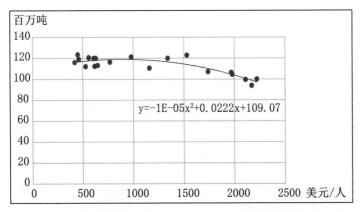

图 8-10　乌兹别克斯坦的名义 GDP 与碳排放量散点图及拟合线

　　根据表 8-10 中数据可以得到乌兹别克斯坦的名义 GDP 与碳排放量数量的散点图，如图 8-10 所示。散点所对应的拟合线为倒 U 型，这说明乌兹别克斯坦的 EKC 曲线（环境库兹涅茨倒 U 型曲线）是成立的。

第三节　本章小结

表 8-11 是上海合作组织区域及各成员国 EKC 曲线是否成立的一个小结。表 8-11 充分说明，就上海合作组织区域整体而言，EKC 曲线是成立的，但并不是对每个成员国都成立。对于中国、伊朗、俄罗斯、哈萨克斯坦、塔吉克斯坦、乌兹别克斯坦而言，EKC 曲线是成立的，对于巴基斯坦、印度、吉尔吉斯斯坦而言，EKC 曲线并不成立。

表 8-11　上海合作组织区域及各成员国 EKC 曲线成立情况表

中国	巴基斯坦	印度	伊朗	俄罗斯	哈萨克斯坦	塔吉克斯坦	吉尔吉斯斯坦	乌兹别克斯坦	上合区域整体
成立	不成立	不成立	成立	成立	成立	成立	不成立	成立	成立

中国在 2030 年之前实现碳达峰的
可行路径分析
——基于分行业视角的分析

第一节　引言

中国在 2030 年之前实现碳达峰，是我国政府 2021 年向全世界作出的庄严承诺，也是我国政府作出的重大战略决策，关系到中华民族的永续发展和人类命运共同体的构建。中国在 2030 年之前实现碳达峰，是我国正在面临的一个重大现实挑战。那么，中国应该采用哪些措施，才能在 2030 年之前实现碳达峰呢？碳达峰问题是环境经济学领域的重要研究话题，国内外学者进行了大量的实证研究。

国外学者主要关注碳排放带来的影响以及碳排放的影响因素。Keeling（1973）研究发现 1860 年至 1969 年人类的活动增加使大气层中碳排放量增加了 17.9%。Budyko（1974）指出碳排放的增加会导致海平面上升和全球气温升高。Nordhaus（2019）研究发现，碳排放的影子价格对碳排放量的数量有显著影响。

我国学者主要关注中国在 2030 年之前实现碳达峰的可行路径。洪竞科（2021）运用 RICE-LEAP 模型对中国碳达峰路径进行了数值模拟。陈菡等（2020）研究了实现碳排放达峰和空气质量达标的协同治理路径。马丁和陈文颖（2016）运用能源系统优化模型分析了中国 2030 年碳排放峰值水平，计算结果显示 2030 年中国碳排放峰值为 100 亿吨~108 亿吨。李侠祥（2017）研究指出，通过适当的政策支持，中国在 2030 年实现碳达峰具有很大的可能性。邵帅（2017）以中国制造 2025 和中国 2030 年减排目标为背景，运用广义迪氏指数分解和动态情景分析对中国制造业碳排放达峰路径进行了研究。金书秦（2021）研究发现中国农业趋于碳达峰。胡鞍钢（2021）指出中国要实现 2030 年前碳达峰的目标，必须建立倒逼机制，必须以新理念为指引推动经济社会发展全面绿色转型。

本章主要研究中国在 2030 年之前实现碳达峰的可行路径。上述文献为本章的研究奠定了一定的基础。本章的研究不同于上述文献的地方主要体现在三个方面：（1）已有文献主要从产业层面进行实证研究，本章从行业层面推导了碳排放量的数学表达式；（2）基于行业层面的碳排放量数学表达式，本章构建了经济增长速度与行业调整幅度分析框架，对中国 2017 年之后（经济高质量发展阶段）的碳排放量进行了数据模拟分析；（3）已有学者主要采用 EKC 模型、IPAT 模型、STIRPAT 模型对碳达峰问题进行实证研究，而本章主要采用数值模拟分析进行实证研究。本章从行业层面推导了碳排放量的数学表达式，然后进行数值模分析。

本章学术贡献：（1）计算出中国各行业碳排放强度值；（2）计算了中国在 2030 年之前实现碳达峰的经济增长速度大小的临界值；（3）推导了中国经济增长速度与碳达峰时间的数量关系。

第二节　碳排放的数理模型

中国国内生产总值（GDP）可以表示为：

$$GDP_t = GDP_{1,t} + GDP_{2,t} + GDP_{3,t} + GDP_{4,t} + GDP_{5,t} + GDP_{6,t} + GDP_{7,t} + GDP_{8,t} + GDP_{9,t} \tag{1}$$

其中，GDP_t 表示中国在第 t 期的国内生产总值，$GDP_{1,t}$ 表示在第 t 期中国的农林牧渔业增加值，$GDP_{2,t}$ 表示在第 t 期中国的工业增加值，$GDP_{3,t}$ 表示在第 t 期中国的建筑业增加值，$GDP_{4,t}$ 表示在第 t 期中国的批发和零售业增加值，$GDP_{5,t}$ 表示在第 t 期中国的交通运输、仓储和邮政业增加值，$GDP_{6,t}$ 表示在第 t 期中国的住宿和餐饮业增加值，$GDP_{7,t}$ 表示在第 t 期中国的金融业增加值，$GDP_{8,t}$ 表示在第 t 期中国的房地产业增加值，$GDP_{9,t}$ 表示在第 t 期中国的其他行业增加值。

中国在第 t 期的碳排放总量可以分解为：

$$C_t = C_{1,t} + C_{2,t} + C_{3,t} + C_{4,t} + C_{5,t} + C_{6,t} + C_{7,t} + C_{8,t} + C_{9,t} \tag{2}$$

其中，C_t 表示中国在第 t 期的碳排放量总量，$C_{1,t}$ 表示在第 t 期中国的农林牧渔业碳排放量，$C_{2,t}$ 表示中国在第 t 期的工业碳排放量，$C_{3,t}$ 表示中国在第 t 期的建筑业碳排放量，$C_{4,t}$ 表示中国在第 t 期的批发和零售业碳排放量，$C_{5,t}$ 表示中国在第 t 期的交通运输、仓储和邮政业碳排放量，$C_{6,t}$ 表示中国在第 t 期的住宿和餐饮业碳排放量，$C_{7,t}$ 表示中国在第 t 期的金融业碳排放量，$C_{8,t}$ 表示中国在第 t 期的房地产业碳排放量，$C_{9,t}$ 表示中国在第 t 期的其他行业碳排放量。

由于

$$C_{i,t} = \frac{C_{i,t}}{GDP_{i,t}} GDP_{i,t}, \quad i = 1, 2 \ldots 9 \tag{3}$$

其中，$\dfrac{C_{i,t}}{GDP_{i,t}}$ 表示中国在第 t 期时的第 i 个行业的单位增加值所对应的碳排放量，即中国在第 t 期时第 i 个行业的碳排放强度。

又由于

$$GDP_{i,t} = \frac{GDP_{i,t}}{GDP_t} GDP_t, \quad i = 1, 2 \ldots 9, \tag{4}$$

其中，$\dfrac{GDP_{i,t}}{GDP_t}$ 表示中国在第 t 期第 i 产业增加值占 GDP 的比重。

令 $\dfrac{C_{i,t}}{GDP_{i,t}} = \rho_{i,t}$，$\dfrac{GDP_{i,t}}{GDP_t} = \beta_{i,t}$，则由式（1）、（2）、（3）和（4）可得：

$$C_t = \sum_{i=1}^{9} \rho_{i,t} \beta_{i,t} GDP_t \tag{5}$$

第三节　中国及其省份碳排放量的计算

（一）中国碳排放量

表 9-1 为 2009 年至 2017 年中国碳排放量数据，相关数据源于 OECD（经济合作与发展组织）数据库。

表 9-1   2009 年至 2017 年中国碳排放量数据

年份	碳排放量（单位：百万吨）
2009 年	7131. 512
2010 年	7830. 969
2011 年	8569. 653
2012 年	8818. 413
2013 年	9188. 381
2014 年	9116. 341
2015 年	9093. 304
2016 年	9054. 476
2017 年	9245. 582

（二）中国各省份碳排放量的计算

$$C_{i,t} = C_t \times \eta_{i,t} , i = 1, 2\ldots 31 , t = 2009, 2010\ldots 2017 \quad (6)$$

$C_{i,t}$ 为中国的省份 i 在第 t 年的碳排放量，C_t 为中国在第 t 年时的碳排放量总量，$\eta_{i,t}$ 为中国的省份 i 煤炭消费量占全国煤炭消费的比重。中国各省份煤炭消费量数据源于国家统计局官方网站（www. stats. gov. cn）。中国及各省份历年碳排放量计算结果如表 9-2 所示。

表 9-2   中国各省份（不含港澳台）碳排放量（单位：百万吨）

年份	北京市	天津市	河北省	山西省	内蒙古自治区	辽宁省	吉林省	黑龙江省
2009 年	52. 993 134 15	81. 927 858 71	527. 322 353 9	552. 104 057	478. 230 868 3	318. 840 200 8	170. 808 443 7	219. 754 952 3
2010 年	52. 966 846 59	96. 636 520 08	552. 155 381 4	600. 413 027 4	542. 893 792 7	339. 929 939 8	192. 651 419 2	245. 655 458 6
2011 年	46. 213 173 93	102. 778 411 3	601. 435 355 8	653. 918 364 4	677. 454 659 7	352. 634 252 8	215. 537 774 5	257. 824 977 2
2012 年	44. 634 561 72	104. 173 527 8	616. 605 824 2	679. 369 489 9	720. 051 828 3	358. 236 599 1	217. 922 840 3	274. 591 037 2
2013 年	41. 560 630 22	108. 647 777 6	651. 706 569 4	754. 067 859 9	718. 649 845 6	373. 216 200 6	214. 339 920 3	273. 062 991 6
2014 年	35. 350 465 52	102. 339 530 5	603. 285 921 9	765. 161 267 9	742. 331 887	366. 469 315 3	211. 290 555 2	276. 762 017 8
2015 年	23. 926 013 93	93. 201 144 72	594. 323 393 4	762. 128 082 9	749. 492 581 6	355. 987 908 2	201. 343 984 3	275. 832 537 7
2016 年	17. 288 334 35	86. 279 724 94	573. 252 016 8	726. 538 161 8	748. 041 804 9	345. 589 239	192. 068 944 2	286. 250 002 1
2017 年	9. 953 442 299	78. 652 001 2	556. 405 866 9	871. 474 953 5	783. 261 186 1	356. 915 715 4	189. 841 932 3	293. 635 071 3

继上表

年份	上海市	江苏省	浙江省	安徽省	福建省	江西省	山东省	河南省
2009 年	105. 504 404 1	417. 688 991 8	264. 024 215 8	251. 897 862 6	141. 382 309 1	106. 517 452 5	691. 974 748 2	486. 148 317 4
2010 年	118. 122 449	464. 415 961 5	280. 450 347 5	268. 907 337 7	141. 256 718 7	125. 575 466 6	750. 446 221 2	523. 713 611
2011 年	119. 966 743 2	534. 478 990 5	288. 607 716 8	283. 959 054 4	170. 203 549 3	136. 490 980 3	760. 212 570 9	554. 206 507 7
2012 年	112. 136 962 8	545. 878 723 6	282. 633 123 4	289. 121 848 3	166. 838 879 4	133. 746 382 7	791. 093 533 8	496. 289 135 6
2013 年	116. 932 611 3	575. 197 615 6	291. 472 932 9	322. 425 180 5	166. 277 922 6	149. 319 041 6	775. 616 207 8	515. 757 041 3
2014 年	99. 662 606 14	547. 855 673 8	281. 420 476 9	321. 373 013 1	166. 891 474 7	152. 214 397 2	805. 351 775 5	493. 650 907 4
2015 年	97. 088 264 68	558. 716 922 8	283. 906 987 3	321. 797 679 9	157. 290 574 1	158. 077 033 1	840. 401 085 3	487. 069 478 4
2016 年	94. 345 656 25	572. 078 82	284. 497 957 6	320. 807 294 3	139. 235 523 5	155. 370 853 6	835. 009 294	473. 735 687 7
2017 年	92. 903 124 2	540. 229 443	289. 435 208 2	326. 422 821 6	153. 077 351	157. 508 566 9	774. 518 286 6	460. 0547 758

继上表

年份	湖北省	湖南省	广东省	广西壮族自治区	海南省	重庆市	四川省	贵州省
2009 年	220. 741 749 8	213. 814 280 2	271. 404 315 7	103. 395 179 1	10. 677 180 84	114. 981 597 8	241. 575 467 5	217. 017 295 2
2010 年	270. 804 367 1	227. 646 143 7	321. 337 402 9	124. 782 960 3	13. 011 418 39	128. 604 360 8	231. 608 072 3	219. 298 289 4
2011 年	308. 706 345 7	254. 035 731 3	360. 154 148	137. 369 929 1	15. 918 739 12	140. 416 951 6	223. 721 764 3	236. 046 579 5
2012 年	310. 652 617	237. 605 305 7	346. 733 859 6	142. 830 597 5	18. 306 069 15	132. 723 917	233. 436 791 5	262. 065 832
2013 年	250. 420 482 5	231. 013 734 9	352. 098 848 5	151. 159 521 2	20. 763 128 79	119. 264 187 3	240. 372 764 9	280. 965 198 3
2014 年	241. 998 643 6	221. 879 572 3	346. 345 358 4	138. 355 461 1	20. 729 369 34	124. 090 813 2	224. 849 228	267. 032 873 7
2015 年	241. 603 294 4	228. 797 154 1	340. 606 987 2	124. 164 221 6	22. 0109 964 6	124. 174 078	190. 739 929 3	263. 525 172 5
2016 年	238. 349 025 1	233. 405 975 4	329. 100 644 7	132. 938 565 6	20. 708 594 36	115. 736 303 8	180. 905 014 8	278. 261 984 7
2017 年	239. 002 756 2	251. 739 330 8	348. 492 245	134. 211 350 6	22. 310 111 44	114. 594 265 7	159. 427 982 5	272. 138 956 1

继上表

年份	云南省	西藏自治区	陕西省	甘肃省	青海省	宁夏回族自治区	新疆维吾尔自治区
2009 年	176. 708 943 9	147. 516 681 5	188. 857 769 5	89. 064 341 69	26. 042 942 51	95. 077 402 84	147. 516 681 5
2010 年	187. 961 920 7	162. 971 433	233. 982 977 8	108. 352 827 9	25. 545 965 88	115. 898 927 8	162. 971 433
2011 年	188. 759 134 8	190. 341 242 6	260. 129 776 2	123. 111 426 6	29. 454 550 42	155. 222 355 6	190. 341 242 6
2012 年	193. 678 604 8	236. 504 188 7	310. 161 047	128. 948 658 9	36. 553 149 89	158. 383 874 3	236. 504 188 7
2013 年	201. 359 620 2	292. 383 499	355. 004 468	134. 631 018 5	42. 670 434 05	175. 640 245 8	292. 383 499
2014 年	176. 588 862 2	327. 501 439 5	374. 063 841 3	136. 713 885 6	36. 978 401 95	180. 300 524 7	327. 501 439 5
2015 年	158. 377 037 5	356. 458 551 6	377. 286 984 7	134. 643 839 5	30. 968 005 05	182. 905 524 2	356. 458 551 6
2016 年	152. 180 664 1	387. 224 260 5	401. 211 041 5	130. 077 980 8	40. 026 363 21	176. 736 005 7	387. 224 260 5
2017 年	146. 346 002 4	413. 388 908	407. 294 388 1	129. 086 888 5	35. 453 988 56	224. 416 171 8	413. 388 908

注：本表中没有包含中国的港澳台地区。

表 9-3 为中国 GDP 的行业构成，相关数据源于国家统计局官方网站（www. stats. gov. cn）。

表 9-3　中国 GDP 的行业构成

	2017 年	2016 年	2015 年	2014 年	2013 年	2012 年	2011 年	2010 年	2009 年
GDP	832 035.9	746 395.1	688 858.2	643 563.1	592 963.2	538 580	487 940.2	412 119.3	348 517.7
农林牧渔业增加值	64 660	62 451	59 852.6	57 472.2	54 692.4	50 581.2	46 122.6	39 619	34 659.7
工业增加值	275 119.3	245 406.4	234 968.9	233 197.4	222 333.2	208 901.4	195 139.1	165 123.1	138 092.6
建筑业增加值	57 905.6	51 498.9	47 761.3	45 401.7	40 896.8	36 896.1	32 926.5	27 259.3	22 681.5
批发和零售业增加值	81 156.6	73 724.5	67 719.6	63 170.4	56 288.9	49 835.5	43 734.5	35 907.9	29 004.6
交通运输、仓储和邮政业增加值	37 121.9	33 028.7	30 519.5	28 534.4	26 042.7	23 763.2	21 842	18 783.6	16 522.4
住宿和餐饮业增加值	15 056	13 607.8	12 306.1	11 228.7	10 228.3	9536.9	8565.4	7712	6957
金融业增加值	64 844.3	59 964	56 299.8	46 853.4	41 293.4	35 272.2	30 747.2	25 733.1	21 836.8
房地产业增加值	57 086	49 969.4	42 573.8	38 086.4	35 340.4	30 751.9	27 780.7	23 326.6	18 760.5
其他行业增加值	179 086.3	156 744.3	136 856.5	119 618.5	105 847.3	93 041.6	81 082.2	68 654.7	60 002.6

注：单位为亿元。

根据表 9-3 中数据可以计算出　中国各行业增加值占 GDP 的比重值，计算结果如表 9-4 所示。

表 9-4　中国各行业增加值占 GDP 的比重值

	2017 年	2016 年	2015 年	2014 年	2013 年	2012 年	2011 年	2010 年	2009 年
农林牧渔业增加值	0.078	0.084	0.087	0.089	0.092	0.094	0.095	0.096	0.099
工业增加值	0.331	0.329	0.341	0.362	0.375	0.388	0.400	0.401	0.396
建筑业增加值	0.070	0.069	0.069	0.071	0.069	0.069	0.067	0.066	0.065
批发和零售业增加值	0.098	0.099	0.098	0.098	0.095	0.093	0.090	0.087	0.083
交通运输、仓储和邮政业增加值	0.045	0.044	0.044	0.044	0.044	0.044	0.045	0.046	0.047
住宿和餐饮业增加值	0.018	0.018	0.018	0.017	0.017	0.018	0.018	0.019	0.020

	2017 年	2016 年	2015 年	2014 年	2013 年	2012 年	2011 年	2010 年	2009 年
金融业增加值	0.078	0.080	0.082	0.073	0.070	0.065	0.063	0.062	0.063
房地产业增加值	0.069	0.067	0.062	0.059	0.060	0.057	0.057	0.057	0.054
其他行业增加值	0.215	0.210	0.199	0.186	0.179	0.173	0.166	0.167	0.172

基于表 9-2 至表 9-4 中数据，运用公式（5），可以计算出中国各行业碳排放强度值（本节中的行业碳排放强度是指该行业单位 GDP 所对应的碳排放量大小），计算结果如表 9-5 所示。

表 9-5　中国各行业碳排放强度的计算

行业分类	碳排放强度（单位：百万吨/亿元）第三产业各行业碳排放强度相等情形	碳排放强度（单位：百万吨/亿元）第三产业各行业碳排放强度不相等情形
农林牧渔业增加值	0.000 88	0.000 88
工业增加值	0.025	0.025
建筑业增加值	0.008	0.008
批发和零售业增加值	0.004	0.04
交通运输、仓储和邮政业增加值	0.004	0.006
住宿和餐饮业增加值	0.004	0.003
金融业增加值	0.004	0.001
房地产业增加值	0.004	0.0025
其他行业增加值	0.004	0.0037

注：批发和零售业，交通运输、仓储和邮政业，住宿和餐饮业，金融业，房地产业，其他行业属于第三产业。

第四节　中国碳排放量的数值模拟分析

（一）中国碳排放量数值模拟分析的计算公式

由式（5）$C_t = \sum\limits_{i=1}^{9} \rho_{i,t} \beta_{i,t} GDP_t$ 和表9-5中第3列数据可得：

$$C_t = (0.000\,88\,\beta_{1,t} + 0.025\,\beta_{2,t} + 0.008\,\beta_{3,t} + 0.04\,\beta_{4,t} + 0.006\,\beta_{5,t} +$$
$$0.003\,\beta_{6,t} + 0.001\,\beta_{7,t} + 0.0025\,\beta_{8,t} + 0.0037\,\beta_{9,t})\,GDP_t \qquad (7)$$

又由于

$$GDP_{t+1} = GDP_t(1 + g_{t+1}) \qquad (8)$$

其中，g_{t+1} 表示在第 t+1 时期的经济增长速度

本节设定中国各行业的碳排放强度在各年份均不变。即

$$\rho_{i,t} = \rho_{i,t+1} = \rho_{i,t+2} = \cdots \rho_{i,t+n},\ i = 1,\ 2,\ 3,\ 4,\ 5,\ 6,\ 7 \qquad (9)$$

由式（7）、（8）和（9）可得：

$$C_{t+1} = (0.000\,88\,\beta_{1,t+1} + 0.025\,\beta_{2,t+1} + 0.008\,\beta_{3,t+1} + 0.04\,\beta_{4,t+1} + 0.006$$
$$\beta_{5,t+1} + 0.003\,\beta_{6,t+1} + 0.001\,\beta_{7,t+1} + 0.0025\,\beta_{8,t+1} + 0.0037\,\beta_{9,t+1})\,GDP_t(1 +$$
$$g_{t+1}) \qquad (10)$$

又由于

$$\beta_{i,t+1} = \beta_{i,t} + \triangle\beta_{i,t+1} \approx \beta_{i,t} + \frac{\beta_{i,2017} - \beta_{i,2009}}{8},\ i = 1,\ 2,\ 3,\ 4,\ 5,\ 6,\ 7 \quad (11)$$

基于 $\triangle\beta_{i,t+1} \approx \dfrac{\beta_{i,2017} - \beta_{i,2009}}{8}$ 和表9-4中数据可得：

$\triangle\beta_{1,t+1} = -0.002\,625$，$\triangle\beta_{2,t+1} = -0.008\,125$，$\triangle\beta_{3,t+1} = 0.000\,625$，
$\triangle\beta_{4,t+1} = 0.001\,875$，$\triangle\beta_{5,t+1} = -0.000\,25$，$\triangle\beta_{6,t+1} = -0.000\,25$，$\triangle\beta_{7,t+1} = 0.001\,875$，$\triangle\beta_{8,t+1} = 0.001\,875$，$\triangle\beta_{9,t+1} = 0.005\,375$ \qquad (12)

本节设定各行业的增加值占 GDP 的比重的年改变量均不变。即

$\triangle\beta_{1,t+1} = \triangle\beta_{1,t+2} = \cdots \triangle\beta_{1,t+n} = -0.002\,625$，$\triangle\beta_{2,t+1} = \triangle\beta_{2,t+2} = \cdots$
$\triangle\beta_{2,t+n} = -0.008\,125$

$\triangle\beta_{3,t+1} = \triangle\beta_{3,t+2} = \cdots \triangle\beta_{3,t+n} = 0.000\,625$，$\triangle\beta_{4,t+1} = \triangle\beta_{4,t+2} = \cdots \triangle$
$\beta_{4,t+n} = 0.001\,875$

$\triangle \beta_{5,\,t+1} = \triangle \beta_{5,\,t+2} = \ldots \triangle \beta_{5,\,t+n} = -0.00025$，$\triangle \beta_{6,\,t+1} = \triangle \beta_{6,\,t+2} = \ldots \triangle \beta_{6,\,t+n} = -0.00025$

$\triangle \beta_{7,\,t+1} = \triangle \beta_{7,\,t+2} = \ldots \triangle \beta_{7,\,t+n} = 0.001875$，$\triangle \beta_{8,\,t+1} = \triangle \beta_{8,\,t+2} = \ldots \triangle \beta_{8,\,t+n} = 0.001875$

$$\triangle \beta_{9,\,t+1} = \triangle \beta_{9,\,t+2} = \triangle \beta_{9,\,t+n} = 0.005375 \tag{13}$$

由式（10）至式（13）可得：

$$C_{t+1} = \big[\,0.00088\,(\beta_{1,\,t} - 0.002625) + 0.025(\beta_{2,\,t} - 0.008125) +$$

$$0.008\,(\beta_{3,\,t} + 0.000625) + 0.04(\beta_{4,\,t} + 0.001875) + 0.006\,(\beta_{5,\,t} -$$

$$0.00025) + 0.003\,(\beta_{6,\,t} - 0.00025) + 0.001(\beta_{7,\,t} + 0.001875)$$

$$+ 0.0025(\beta_{8,\,t} + 0.001875) + 0.0037\,(\beta_{9,\,t} + 0.005375)\,\big]$$

$$GDP_t(1 + g_{t+1}) \tag{14}$$

式（14）是中国第 t+1 年碳排放的数学表达式，该表达式是本节进行数值模拟分析的基础公式。2017 年是我国经济从高速增长转向高质量发展的临界年份，本节以 2017 年为基年，即 $t = 2017$。对应的：

$\beta_{1,\,2017} = 0.078 = 7.8\%$，$\beta_{2,\,2017} = 0.331 = 33.1\%$，$\beta_{3,\,2017} = 0.07 = 7\%$，

$\beta_{4,\,2017} = 0.098 = 9.8\%$，$\beta_{5,\,2017} = 0.045 = 4.5\%$，$\beta_{6,\,2017} = 0.018 = 1.8\%$

$\beta_{7,\,2017} = 0.078 = 7.8\%$，$\beta_{8,\,2017} = 0.069 = 6.9\%$，$\beta_{9,\,2017} = 0.215 = 21.5\%$

$GDP_{2017} = 832\,035.9$

（二）中国碳排放量数值模拟结果

运用式（14）进行数值模拟分析，相关数据如表 9-6 所示。表 9-6 中最后 1 列（第 11 列）为经济增长速度为 2% 时中国在各年份的碳排放量相关数据。表 9-6 中最后 1 列数据显示，当 2017 年之后中国各年份的经济增长速度为 2% 时，中国可以在 2030 年实现碳达峰，最大碳排放量为 9118.74 百万吨。

表9-6 2%经济增长速度情形时的数值模拟结果

年份	农林牧渔业占GDP比重	工业占GDP比重	建筑业占GDP比重	批发和零售业占GDP比重	交通运输、仓储和邮政业占GDP比重	住宿和餐饮业占GDP比重	金融业占GDP比重	房地产业占GDP比重	其他行业占GDP比重	中国碳排放量（单位：百万吨）
2017年	0.078	0.331	0.07	0.098	0.045	0.018	0.078	0.069	0.215	8874.195
2018年	0.075 375	0.322 875	0.070 625	0.099 875	0.044 75	0.017 75	0.079 875	0.070 875	0.220 375	8908.478
2019年	0.072 75	0.314 75	0.071 25	0.101 75	0.0445	0.0175	0.081 75	0.072 75	0.225 75	8940.582
2020年	0.070 125	0.306 625	0.071 875	0.103 625	0.044 25	0.017 25	0.083 625	0.074 625	0.231 125	8970.407
2021年	0.0675	0.2985	0.0725	0.1055	0.044	0.017	0.0855	0.0765	0.2365	8997.848
2022年	0.064 875	0.290 375	0.073 125	0.107 375	0.043 75	0.016 75	0.087 375	0.078 375	0.241 875	9022.799
2023年	0.062 25	0.282 25	0.073 75	0.109 25	0.0435	0.0165	0.089 25	0.080 25	0.247 25	9045.15
2024年	0.059 625	0.274 125	0.074 375	0.111 125	0.043 25	0.016 25	0.091 125	0.082 125	0.252 625	9064.784
2025年	0.057	0.266	0.075	0.113	0.043	0.016	0.093	0.084	0.258	9081.587
2026年	0.054 375	0.257 875	0.075 625	0.114 875	0.042 75	0.015 75	0.094 875	0.085 875	0.263 375	9095.435
2027年	0.051 75	0.249 75	0.076 25	0.116 75	0.0425	0.0155	0.096 75	0.087 75	0.268 75	9106.205
2028年	0.049 125	0.241 625	0.076 875	0.118 625	0.042 25	0.015 25	0.098 625	0.089 625	0.274 125	9113.767
2029年	0.0465	0.2335	0.0775	0.1205	0.042	0.015	0.1005	0.0915	0.2795	9117.989
2030年	0.043 875	0.225 375	0.078 125	0.122 375	0.041 75	0.014 75	0.102 375	0.093 375	0.284 875	9118.74
2031年	0.041 25	0.217 25	0.078 75	0.124 25	0.0415	0.0145	0.104 25	0.095 25	0.290 25	9115.864
2032年	0.038 625	0.209 125	0.079 375	0.126 125	0.041 25	0.014 25	0.106 125	0.097 125	0.295 625	9109.23
2033年	0.036	0.201	0.08	0.128	0.041	0.014	0.108	0.099	0.301	9098.684
2034年	0.033 375	0.192 875	0.080 625	0.129 875	0.040 75	0.013 75	0.109 875	0.100 875	0.306 375	9084.073
2035年	0.030 75	0.184 75	0.081 25	0.131 75	0.0405	0.0135	0.111 75	0.102 75	0.311 75	9065.237
2036年	0.028 125	0.176 625	0.081 875	0.133 625	0.040 25	0.013 25	0.113 625	0.104 625	0.317 125	9042.015
2037年	0.0255	0.1685	0.0825	0.1355	0.04	0.013	0.1155	0.1065	0.3225	9014.238
2038年	0.022 875	0.160 375	0.083 125	0.137 375	0.039 75	0.012 75	0.117 375	0.108 375	0.327 875	8981.733
2039年	0.020 25	0.152 25	0.083 75	0.139 25	0.0395	0.0125	0.119 25	0.110 25	0.333 25	8944.322
2040年	0.017 625	0.144 125	0.084 375	0.141 125	0.039 25	0.012 25	0.121 125	0.112 125	0.338 625	8901.822

　　根据表9-6中的数据，可得中国经济增长速度为2%时各年份碳排放量的散点位置，如图9-1所示。图9-1中的虚线所对应的年份为2030年，虚线所对应的碳排放量达到最大值。这表明，当2017年之后中国经济的年平均增长速度为2%时，中国在2030年中国实现碳达峰，对应的碳排放峰值为9118.74百万吨。

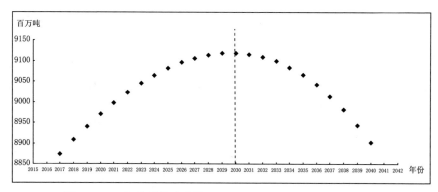

图 9-1　2% 经济增长速度情形时中国各年份碳排放量的散点图

根据式（14）可知，经济增长速度越小，碳排放量越小。因此，当 2017 年之后中国经济增长速度小于 2% 时，中国在 2030 年之前实现碳达峰。也就是在中国各行业增加值占 GDP 的比重按照 2009 年至 2017 年的年平均改变量调整的前提下，当 2017 年之后中国的年平均经济增长速度小于 2% 时，中国在 2030 年之前可以实现碳达峰。反之，当 2017 年之后中国的年平均经济增长速度大于 2% 时，中国在 2030 年之后才能实现碳达峰。

表 9-7 为 2017 年之后中国经济增长速度为 1.9% 情形时的数值模拟分析结果，其中最后 1 列为对应的中国碳排放数值。表 9-7 显示，当 2017 年之后中国经济增长速度为 1.9% 时，中国在 2027 年可以实现碳达峰，对应的碳排放量峰值为 9017.321 百万吨。

表 9-7　1.9% 经济增长速度情形时的数值模拟结果

年份	农林牧渔业占 GDP 比重	工业占 GDP 比重	建筑业占 GDP 比重	批发和零售业占 GDP 比重	交通运输、仓储和邮政业占 GDP 比重	住宿和餐饮业占 GDP 比重	金融业占 GDP 比重	房地产业占 GDP 比重	其他行业占 GDP 比重	中国碳排放量（单位：百万吨）
2017 年	0.078	0.331	0.07	0.098	0.045	0.018	0.078	0.069	0.215	8874.195
2018 年	0.075 375	0.322 875	0.070 625	0.099 875	0.044 75	0.017 75	0.079 875	0.070 875	0.220 375	8899.744
2019 年	0.072 75	0.314 75	0.071 25	0.101 75	0.0445	0.0175	0.081 75	0.072 75	0.225 75	8923.06
2020 年	0.070 125	0.306 625	0.071 875	0.103 625	0.044 25	0.017 25	0.083 625	0.074 625	0.231 125	8944.049
2021 年	0.0675	0.2985	0.0725	0.1055	0.044	0.017	0.0855	0.0765	0.2365	8962.615
2022 年	0.064 875	0.290 375	0.073 125	0.107 375	0.043 75	0.016 75	0.087 375	0.078 375	0.241 875	8978.657
2023 年	0.062 25	0.282 25	0.073 75	0.109 25	0.0435	0.0165	0.089 25	0.080 25	0.247 25	8992.073
2024 年	0.059 625	0.274 125	0.074 375	0.111 125	0.043 25	0.016 25	0.091 125	0.082 125	0.252 625	9002.758
2025 年	0.057	0.266	0.075	0.113	0.043	0.016	0.093	0.084	0.258	9010.602

续表

年份	农林牧渔业占GDP比重	工业占GDP比重	建筑业占GDP比重	批发和零售业占GDP比重	交通运输、仓储和邮政业占GDP比重	住宿和餐饮业占GDP比重	金融业占GDP比重	房地产业占GDP比重	其他行业占GDP比重	中国碳排放量（单位：百万吨）
2026年	0.054 375	0.257 875	0.075 625	0.114 875	0.042 75	0.015 75	0.094 875	0.085 875	0.263 375	9015.495
2027年	0.051 75	0.249 75	0.076 25	0.116 75	0.0425	0.0155	0.096 75	0.087 75	0.268 75	9017.321
2028年	0.049 125	0.241 625	0.076 875	0.118 625	0.042 25	0.015 25	0.098 625	0.089 625	0.274 125	9015.962
2029年	0.0465	0.2335	0.0775	0.1205	0.042	0.015	0.1005	0.0915	0.2795	9011.296
2030年	0.043 875	0.225 375	0.078 125	0.122 375	0.041 75	0.014 75	0.102 375	0.093 375	0.284 875	9003.2
2031年	0.041 25	0.217 25	0.078 75	0.124 25	0.0415	0.0145	0.104 25	0.095 25	0.290 25	8991.538
2032年	0.038 625	0.209 125	0.079 375	0.126 125	0.041 25	0.014 25	0.106 125	0.097 125	0.295 625	8976.186
2033年	0.036	0.201	0.08	0.128	0.041	0.014	0.108	0.099	0.301	8957.004
2034年	0.033 375	0.192 875	0.080 625	0.129 875	0.040 75	0.013 75	0.109 875	0.100 875	0.306 375	8933.853
2035年	0.030 75	0.184 75	0.081 25	0.131 75	0.0405	0.0135	0.111 75	0.102 75	0.311 75	8906.589
2036年	0.028 125	0.176 625	0.081 875	0.133 625	0.040 25	0.013 25	0.113 625	0.104 625	0.317 125	8875.063
2037年	0.0255	0.1685	0.0825	0.1355	0.04	0.013	0.1155	0.1065	0.3225	8839.125
2038年	0.022 875	0.160 375	0.083 125	0.137 375	0.039 75	0.012 75	0.117 375	0.108 375	0.327 875	8798.617
2039年	0.020 25	0.152 25	0.083 75	0.139 25	0.0395	0.0125	0.119 25	0.110 25	0.333 25	8753.378
2040年	0.017 625	0.144 125	0.084 375	0.141 25	0.039 25	0.012 25	0.121 125	0.112 125	0.338 625	8703.245

根据表9-7中的数据，可得2017年之后中国经济增长速度为1.9%时各年份碳排放量的散点位置，如图9-2所示。图9-2中的虚线所对应的年份为2027年，虚线所对应的碳排放量达到最大值。这表明，2017年之后中国经济增长速度为1.9%时，中国在2027年中国实现碳达峰。

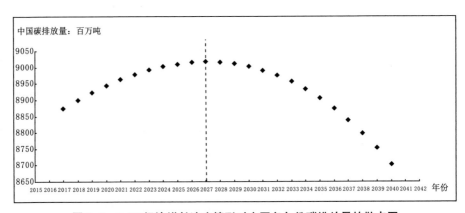

图9-2 1.9%经济增长速度情形时中国各年份碳排放量的散点图

表9-8为2017年之后中国经济增长速度为2.1%情形时的数值模拟分析

结果，其中最后 1 列为对应的中国碳排放数值。表 9-8 显示，当 2017 年之后中国的年平均经济增长速度为 2.1%时，中国在 2032 年才可以实现碳达峰，对应的碳排放量峰值为 9244.11 百万吨。

表 9-8　2.1%经济增长速度情形时的数值模拟结果

年份	农林牧渔业占 GDP 比重	工业占 GDP 比重	建筑业占 GDP 比重	批发和零售业占 GDP 比重	交通运输、仓储和邮政业占 GDP 比重	住宿和餐饮业占 GDP 比重	金融业占 GDP 比重	房地产业占 GDP 比重	其他行业占 GDP 比重	中国碳排放量（单位：百万吨）
2017 年	0.078	0.331	0.07	0.098	0.045	0.018	0.078	0.069	0.215	8874.195
2018 年	0.075 375	0.322 875	0.070 625	0.099 875	0.044 75	0.017 75	0.079 875	0.070 875	0.220 375	8917.212
2019 年	0.072 75	0.314 75	0.071 25	0.101 75	0.0445	0.0175	0.081 75	0.072 75	0.225 75	8958.121
2020 年	0.070 125	0.306 625	0.071 875	0.103 625	0.044 25	0.017 25	0.083 625	0.074 625	0.231 125	8996.816
2021 年	0.0675	0.2985	0.0725	0.1055	0.044	0.017	0.0855	0.0765	0.2365	9033.186
2022 年	0.064 875	0.290 375	0.073 125	0.107 375	0.043 75	0.016 75	0.087 375	0.078 375	0.241 875	9067.116
2023 年	0.062 25	0.282 25	0.073 75	0.109 25	0.0435	0.0165	0.089 25	0.080 25	0.247 25	9098.487
2024 年	0.059 625	0.274 125	0.074 375	0.111 125	0.043 25	0.016 25	0.091 125	0.082 125	0.252 625	9127.177
2025 年	0.057	0.266	0.075	0.113	0.043	0.016	0.093	0.084	0.258	9153.06
2026 年	0.054 375	0.257 875	0.075 625	0.114 875	0.042 75	0.015 75	0.094 875	0.085 875	0.263 375	9176.004
2027 年	0.051 75	0.249 75	0.076 25	0.116 75	0.0425	0.0155	0.096 75	0.087 75	0.268 75	9195.876
2028 年	0.049 125	0.241 625	0.076 875	0.118 625	0.042 25	0.015 25	0.098 625	0.089 625	0.274 125	9212.536
2029 年	0.0465	0.2335	0.0775	0.1205	0.042	0.015	0.1005	0.0915	0.2795	9225.84
2030 年	0.043 875	0.225 375	0.078 125	0.122 375	0.041 75	0.014 75	0.102 375	0.093 375	0.284 875	9235.64
2031 年	0.041 25	0.217 25	0.078 75	0.124 25	0.0415	0.0145	0.104 25	0.095 25	0.290 25	9241.784
2032 年	0.038 625	0.209 125	0.079 375	0.126 125	0.041 25	0.014 25	0.106 125	0.097 125	0.295 625	9244.11
2033 年	0.036	0.201	0.08	0.128	0.041	0.014	0.108	0.099	0.301	9242.463
2034 年	0.033 375	0.192 875	0.080 625	0.129 875	0.040 75	0.013 75	0.109 875	0.100 875	0.306 375	9236.667
2035 年	0.030 75	0.184 75	0.081 25	0.131 75	0.0405	0.0135	0.111 75	0.102 75	0.311 75	9226.552
2036 年	0.028 125	0.176 625	0.081 875	0.133 625	0.040 25	0.013 25	0.113 625	0.104 625	0.317 125	9211.939
2037 年	0.0255	0.1685	0.0825	0.1355	0.04	0.013	0.1155	0.1065	0.3225	9192.644
2038 年	0.022 875	0.160 375	0.083 125	0.137 375	0.039 75	0.012 75	0.117 375	0.108 375	0.327 875	9168.475
2039 年	0.020 25	0.152 25	0.083 75	0.139 25	0.0395	0.0125	0.119 25	0.110 25	0.333 25	9139.238
2040 年	0.017 625	0.144 125	0.084 375	0.141 125	0.039 25	0.012 25	0.121 125	0.112 125	0.338 625	9104.729

根据表 9-8 中的数据，可得 2017 年之后中国经济增长速度为 2.1%时各年份碳排放量的散点位置，如图 9-3 所示。图 9-3 中的虚线所对应的年份为 2032 年，虚线所对应的碳排放量达到最大值。这表明，当 2017 年之后中国的年平均经济增长速度为 2.1%时，中国在 2032 年才可以实现碳达峰。

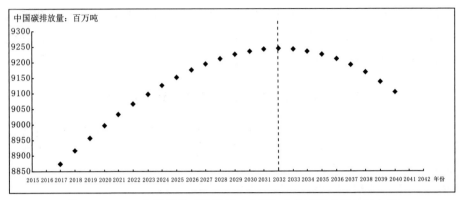

图 9-3   2.1%经济增长速度情形时中国各年份碳排放量的散点图

运用式（14）进行数值模拟分析，可以得到 2017 年之后的中国经济增长速度与碳达峰时间关系，如表 9-9 所示。表 9-9 数据显示，在中国各行业增加值占 GDP 的比重按照 2009 年至 2017 年的年平均改变量调整的前提下，如果 2017 年之后中国的年平均经济增长速度为 1.7%，中国在 2021 年就可以实现碳达峰。表 9-9 中数据进一步表明，中国要在 2020 年与 2030 年之间实现碳达峰，在中国各行业增加值占 GDP 的比重按照 2009 年至 2017 年的年平均改变量调整的前提下，中国经济增长速度的可选择区间为 1.7%至 2%，即中国经济增长速度应大于 1.7%，同时要小于 2%。

表 9-9   中国经济增长速度与碳达峰时间关系

经济增长速度	碳达峰时间
1.7%	2021 年
1.8%	2024 年
1.9%	2027 年
2%	2030 年
2.1%	2032 年
2.2%	2034 年
2.3%	2036 年
2.4%	2038 年
2.5%	2040 年

　　根据表 9-9 中数据，得到中国经济增长速度与碳达峰时间数量关系散点位置，如图 9-4 所示。图中散点所对应的拟合线呈倒 U 型，拟合线所对应的方程的二次项系数为负值。

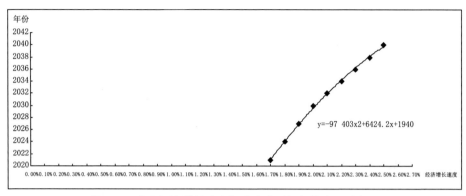

图 9-4　中国经济增长速度与碳达峰时间数量关系散点图

<h2 style="text-align:center">第五节　本章小结</h2>

　　本章从行业层面，推导了碳排放量的数学表达式，揭示了碳排放量与各行业增加值占 GDP 的比重、各行业碳排放量强度之间的数量关系。根据 2009 年至 2017 年中国碳排放量的相关数据，本章计算了中国各行业碳排放强度数值。

　　基于碳排放量的数学表达式，本章以 2017 年作为基准年份进行数值模拟分析，推导了 2017 年之后的中国经济增长速度与碳达峰时间关系，模拟结果显示：在中国各行业增加值占 GDP 的比重按照 2009 年至 2017 年的年平均改变量调整的前提下，当 2017 年之后中国各年份的经济增长速度为 2% 时，也就是当 2017 年之后中国的年平均经济增长速度为 2% 时，中国可以在 2030 年实现碳达峰；当 2017 年之后中国各年份的经济增长速度小于 2% 时，也就是当 2017 年之后中国的年平均经济增长速度小于 2% 时，中国可以在 2030 年之前实现碳达峰；当 2017 年之后中国各年份的经济增长速度大于 2% 时，也就是当 2017 年之后中国的年平均经济增长速度大于 2% 时，中国在 2030 年之后实现碳达峰。

　　由于 2017 年是我国进入经济高质量发展阶段的起始年份，本章的数值模拟结果意味着，中国在经济高质量发展阶段的年平均经济增长速度小于 2%时，中国可以在 2030 年之前实现碳达峰。本章的数值模拟分析还表明，中国经济增长速度与碳达峰时间呈现出倒 U 型曲线关系。

印度碳达峰的最优路径研究

第一节　引言

印度是世界上碳排放量最多的 10 个国家之一，印度正面临碳达峰的现实问题。本章围绕印度碳达峰进行实证研究，论证印度碳达峰的时间，指出印度实现碳达峰的最优路径选择。碳达峰问题，是现阶段学术界的一个热点研究话题。关于碳达峰领域的实证分析，学术界主要有三种研究方法。

一是因素分解法。采用 LMDI、SDA、IPCC 等分解方法来识别影响碳排放的因素。陈芳、曹晓芸（2022）运用 IPCC 碳排放核算方法研究 2009 年至 2019 年长三角地区 36 座城市公园碳排放现状及空间格局动态演进趋势，发现长三角整体工业碳排放呈现增加的态势，地理分布呈现"东高西低"特征，空间格局兼具集群性与非均衡性。

二是计量模型分析方法。采用 IPAT、STIRPAT、PSM-DID 等经典模型进行碳排放量的计量研究。冷成英、柳剑平（2022）基于我国 275 个地级市及以上级别城市的 2005 年至 2019 年数据，采用多期 PSM-DID 模型检验低碳试点政策的碳减排效果。李俊杰、刘湘（2022）采用 STIRPAT 模型分析宁夏碳达峰问题，在高速、基准和低速三种情形下宁夏碳达峰的时间分别为 2030 年、2035 年和 2040 年，峰值分别为 33 893 万吨、40 099 万吨、46 473 万吨。

三是数值模拟方法。根据前期碳排放特征进行情景设定，模拟碳排放量。唐志鹏等（2022）运用函数极值条件对中国碳达峰碳中和进行了情景分析。胡剑波等（2022）采用神经网络模型对我国碳排放强度进行数值模拟的研究显示，中国的碳排放强度在 2030 年达到 0.9237 吨/万元。

环境库兹涅茨倒 U 型曲线理论（EKC 曲线理论）是碳达峰、碳中和的重要理论基础。庄贵阳等（2022）基于环境库兹涅茨倒 U 型曲线理论对碳排放效应进行了分解，发现碳达峰、碳中和受到规模效应、结构效应、技术效应和要素替代弹性效应的复合影响。王文举、孔晓旭（2022）研究发现，北京、上海、河南已经实现碳达峰，湖北、四川、重庆、吉林、黑龙江的碳排放处于平台期，其他各省的碳排放尚未达峰，建议将减排目标合理分解到不同地区、行业和企业。

我国的学者主要关注中国的碳达峰问题，对印度碳达峰的研究还比较少。本章的研究是对已有研究的一个补充，也为本章的创新提供了可能。本章以碳排放总量等于三大产业碳排放量的加总作为分析的切入点，推导出印度碳达峰总量与三大产业碳排放强度、三大产业增加值占 GDP 比重的数量关系的数学表达式。依据该数学表达式对印度碳达峰进行数值模拟分析，进而识别出印度碳达峰的最优路径选择。

本章的学术贡献主要体现在以下三方面。第一，计算了印度三大产业碳排放强度大小；第二，预测了印度碳达峰的时间，研究结果显示印度将在 2038 年实现碳达峰；第三，论证并指出了印度在 2038 年实现碳达峰的最优路径选择。

第二节　印度碳达峰时间的预测分析

表 10-1 为 2005 年至 2019 年印度碳排放的相关数据，数据源于 OECD 国家数据库。

表 10-1　2005 年至 2019 年印度碳排放总量数据

年份	印度碳排放总量（单位：百万吨）
2005 年	1074.985
2006 年	1148.465
2007 年	1266.47
2008 年	1349.159

续表

年份	印度碳排放总量（单位：百万吨）
2009 年	1481.612
2010 年	1572.14
2011 年	1662.617
2012 年	1805.421
2013 年	1861.154
2014 年	2027.552
2015 年	2036.12
2016 年	2067.827
2017 年	2196.403
2018 年	2310.246
2019 年	2309.98

根据表 10-1 中的数据，可以得到 2005 年至 2019 年印度碳排放总量与时间（年份）关系的散点图。如图 10-1 所示。

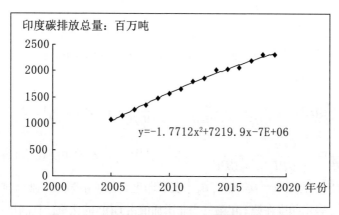

图 10-1　2005 年至 2019 年印度碳排放量散点图

图 10-1 中散点所对应的拟合线为倒 U 型曲线，倒 U 型曲线方程为 $y=-1.7712x^2+7219.9x-7\,000\,000$。其中 y 为印度碳排放总量，x 为年份。根据倒 U 型曲线方程可以计算出，当 x = 2038 时，y 达到最大。这意味着，印度碳达

峰的时间为 2038 年。

第三节　理论模型

印度在第 t 年的碳排放总量可以分解为：

$$C_t = \sum_{i=1}^{3} C_{i,t}, \quad i = 1, 2, 3 \tag{1}$$

C_t 表示印度在第 t 年的碳排放量总量，$C_{1,t}$ 表示印度在第 t 年的第一产业碳排放量，$C_{2,t}$ 表示印度在第 t 年的第二产业碳排放量，$C_{3,t}$ 表示印度在第 t 年的第三产业碳排放量。

$$C_{i,t} = \frac{C_{i,t}}{GDP_{i,t}} GDP_{i,t}, \quad i = 1, 2, 3 \tag{2}$$

$GDP_{1,t}$ 表示印度在第 t 年的第一产业增加值，$GDP_{2,t}$ 表示印度在第 t 年的第二产业增加值，$GDP_{3,t}$ 表示印度在第 t 年的第三产业增加值，满足：

$$GDP_t = GDP_{1,t} + GDP_{2,t} + GDP_{3,t} \tag{3}$$

GDP_t 表示印度在第 t 年的国内生产总值。令

$$\frac{C_{i,t}}{GDP_{i,t}} = \rho_{i,t}, \quad i = 1, 2, 3 \tag{4}$$

$\rho_{1,t}$ 表示印度第 t 年的第一产业增加值的碳排放强度。类似的，$\rho_{2,t}$ 表示印度第 t 年的第二产业增加值的碳排放强度，$\rho_{3,t}$ 表示印度第 t 年的第三产业增加值的碳排放强度。又由于

$$GDP_{i,t} = \frac{GDP_{i,t}}{GDP_{1,t} + GDP_{2,t} + GDP_{3,t}} GDP_t, \quad i = 1, 2, 3 \tag{5}$$

令 $\dfrac{GDP_{1,t}}{GDP_{1,t} + GDP_{2,t} + GDP_{3,t}} = \beta_{1,t}$，则 $\beta_{1,t}$ 表示印度在第 t 年第一产业增加值占 GDP 的比重。类似的，$\beta_{2,t}$ 表示印度在第 t 年第二产业增加值占 GDP 的比重，$\beta_{3,t}$ 表示印度在第 t 年第三产业增加值占 GDP 的比重，且满足 $\beta_{1,t} + \beta_{2,t} + \beta_{3,t} = 1$。

根据式（1）至式（5），印度在第 t 年的碳排放总量的数学表达式为：

$$C_t = GDP_t \times (\rho_{1,t}\beta_{1,t} + \rho_{2,t}\beta_{2,t} + \rho_{3,t}\beta_{3,t}) \tag{6}$$

第四节　印度在 2038 年实现碳达峰的一个数值模拟分析

表 10-2 为印度 2016 年至 2019 年三大产业增加值占 GDP 比重的数据、印度 GDP 数据。

表 10-2　印度 2016 年至 2019 年三大产业增加值占 GDP 的比重和 GDP 数据

年份	第一产业比重	第二产业比重	第三产业比重	GDP（单位：亿美元）
2016 年	17.4%	28.8%	53.8%	22 742
2017 年	21.9%	29.2%	48.9%	26 526
2018 年	14.5%	36.5%	49%	27 132
2019 年	16%	34.1%	49.9%	28 751

数据来源：《国际统计年鉴》。

根据表 10-1 中 2017 年、2018 年、2019 年印度碳排放量数据和表 10-2 中 GDP 及三大产业增加值占 GDP 比重数据，运用公式（6）本节计算出印度三大产业碳排放强度分别为 0.0324 百万吨/亿美元、0.2203 百万吨/亿美元、0 百万吨/亿美元。

在 2018 年印度第三产业比重为 49%，在 2019 年印度第三产业比重为 49.9%，则 2019 年印度第三产业比重的年增加量为 0.9%。因此，本节设定第三产业比重的年增加量为 0.9%。

第二产业比重的年减少量超过 0.6%，将会导致印度在 2070 年的第二产业比重为负值。因此，本节设定第二产业比重的年减少量为 0.6%。文章还设定印度三大产业碳排放强度值在各年份始终保持不变。

本章以 2019 年为基年，采用公式（6）对印度碳达峰进行数值模拟分析。数值模拟结果，如表 10-3 所示。表 10-3 指出了印度在 2038 年实现碳达峰的 11 条可行路径。路径 2 碳达峰时的碳排放量 2527.052 百万吨，是 11 条可行路径中碳达峰时的最小碳排放量。因此，路径 2 是印度在 2038 年实现碳达峰的最优路径。路径 2 所对应的印度三大产业碳排放强度衰变因子为 0.99，路径 2 所对应的经济增速为 3.7%。

表 10-3 印度在 2038 年实现碳达峰的一个数值模拟分析

年份	路径1：当三大产业碳排放强度的衰变因子为1，经济增速为2.7%，碳排放量	路径2：当三大产业碳排放强度的衰变因子为0.99，经济增速为3.7%，碳排放量	路径3：当三大产业碳排放强度的衰变因子为0.98，经济增速为4.8%，碳排放量	路径4：当三大产业碳排放强度的衰变因子为0.97，经济增速为5.9%，碳排放量	路径5：当三大产业碳排放强度的衰变因子为0.96，经济增速为7%，碳排放量	路径6：当三大产业碳排放强度的衰变因子为0.95，经济增速为8.1%，碳排放量	路径7：当三大产业碳排放强度的衰变因子为0.94，经济增速为9.22%，碳排放量	路径8：当三大产业碳排放强度的衰变因子为0.93，经济增速为10.4%，碳排放量	路径9：当三大产业碳排放强度的衰变因子为0.92，经济增速为11.6%，碳排放量	路径10：当三大产业碳排放强度的衰变因子为0.91，经济增速为12.89%，碳排放量	路径11：当三大产业碳排放强度的衰变因子为0.90，经济增速14.1%，碳排放量
2019 年	2308.886	2308.886	2308.886	2308.886	2308.886	2308.886	2308.886	2308.886	2308.886	2308.886	2308.886
2020 年	2329.327	2328.488	2329.418	2329.849	2329.781	2329.214	2328.574	2328.692	2328.692	2330.005	2329.1
2021 年	2349.189	2347.496	2349.372	2350.241	2350.104	2348.96	2347.67	2347.908	2347.908	2350.557	2348.731
2022 年	2368.424	2365.865	2368.701	2370.016	2369.808	2368.078	2366.128	2366.488	2366.488	2370.494	2367.733
2023 年	2386.986	2383.548	2387.358	2389.125	2388.846	2386.521	2383.901	2384.384	2384.384	2389.767	2386.057
2024 年	2404.824	2400.495	2405.292	2407.518	2407.166	2404.239	2400.939	2401.548	2401.548	2408.327	2403.653
2025 年	2421.885	2416.654	2422.451	2425.141	2424.716	2421.177	2417.191	2417.926	2417.926	2426.119	2420.47
2026 年	2438.114	2431.972	2438.779	2441.939	2441.439	2437.283	2432.602	2433.465	2433.465	2443.087	2436.452
2027 年	2453.454	2446.391	2454.218	2457.853	2457.279	2452.498	2447.116	2448.107	2448.107	2459.174	2451.543
2028 年	2467.844	2459.854	2468.71	2472.823	2472.173	2466.763	2460.674	2461.796	2461.796	2474.318	2465.683
2029 年	2481.224	2472.299	2482.19	2486.786	2486.06	2480.016	2473.214	2474.467	2474.467	2488.457	2478.809
2030 年	2493.527	2483.662	2494.595	2499.676	2498.873	2492.191	2484.674	2486.059	2486.059	2501.524	2490.857
2031 年	2504.685	2493.878	2505.856	2511.424	2510.544	2503.222	2494.986	2496.503	2496.503	2513.449	2501.76
2032 年	2514.628	2502.876	2515.901	2521.959	2521.001	2513.037	2504.081	2505.73	2505.73	2524.162	2511.447
2033 年	2523.282	2510.585	2524.658	2531.205	2530.17	2521.563	2511.886	2513.668	2513.668	2533.586	2519.844
2034 年	2530.57	2516.929	2532.049	2539.084	2537.972	2528.723	2518.327	2520.241	2520.241	2541.644	2526.877
2035 年	2536.412	2521.831	2537.994	2545.516	2544.327	2534.437	2523.325	2525.371	2525.371	2548.253	2532.464
2036 年	2540.725	2525.209	2542.408	2550.416	2549.15	2538.623	2526.799	2528.975	2528.975	2553.33	2536.523
2037 年	2543.422	2526.979	2545.206	2553.695	2552.353	2541.194	2528.663	2530.969	2530.969	2556.784	2538.968
2038 年	2544.413	2527.052	2546.296	2555.261	2553.844	2542.06	2528.83	2531.265	2531.265	2558.524	2539.709
2039 年	2543.602	2525.337	2545.584	2555.02	2553.528	2541.127	2527.207	2529.768	2529.768	2558.454	2538.653
2040 年	2540.893	2521.739	2542.972	2552.87	2551.305	2538.297	2523.7	2526.385	2526.385	2556.473	2535.703
2041 年	2536.184	2516.158	2538.358	2548.709	2547.072	2533.469	2518.208	2521.015	2521.015	2552.478	2530.756
2042 年	2529.367	2508.491	2531.634	2542.428	2540.721	2526.537	2510.628	2513.554	2513.554	2546.359	2523.709
2043 年	2520.334	2498.632	2522.691	2533.916	2532.14	2517.391	2500.853	2503.895	2503.895	2538.004	2514.451
2044 年	2508.969	2486.469	2511.414	2523.055	2521.213	2505.917	2488.771	2491.924	2491.924	2527.295	2502.869
2045 年	2495.154	2471.886	2497.682	2509.723	2507.818	2491.997	2474.266	2477.527	2477.527	2514.11	2488.844
2046 年	2478.763	2454.763	2481.371	2493.795	2491.829	2475.506	2457.218	2460.58	2460.58	2498.321	2472.254
2047 年	2459.668	2434.976	2462.351	2475.138	2473.115	2456.317	2437.5	2440.96	2440.96	2479.798	2452.97

续表

年份	路径1：当三大产业碳排放强度的衰变因子为1，经济增速为2.7%，碳排放量	路径2：当三大产业碳排放强度的衰变因子为0.99，经济增速为3.7%，碳排放量	路径3：当三大产业碳排放强度的衰变因子为0.98，经济增速为4.8%，碳排放量	路径4：当三大产业碳排放强度的衰变因子为0.97，经济增速为5.9%，碳排放量	路径5：当三大产业碳排放强度的衰变因子为0.96，经济增速为7%，碳排放量	路径6：当三大产业碳排放强度的衰变因子为0.95，经济增速为8.1%，碳排放量	路径7：当三大产业碳排放强度的衰变因子为0.94，经济增速为9.22%，碳排放量	路径8：当三大产业碳排放强度的衰变因子为0.93，经济增速为10.4%，碳排放量	路径9：当三大产业碳排放强度的衰变因子为0.92，经济增速为11.6%，碳排放量	路径10：当三大产业碳排放强度的衰变因子为0.91，经济增速为12.89%，碳排放量	路径11：当三大产业碳排放强度的衰变因子为0.90，经济增速14.1%，碳排放量
2048 年	2437.734	2412.393	2440.489	2453.616	2451.539	2434.295	2414.984	2418.534	2418.534	2458.4	2430.86
2049 年	2412.824	2386.881	2415.644	2429.087	2426.96	2409.302	2389.533	2393.167	2393.167	2433.987	2405.785
2050 年	2384.791	2358.3	2387.672	2401.403	2399.23	2381.194	2361.007	2364.717	2364.717	2406.408	2377.603
2051 年	2353.485	2326.503	2356.42	2370.41	2368.196	2349.821	2329.26	2333.039	2333.039	2375.51	2346.163
2052 年	2318.75	2291.341	2321.732	2335.948	2333.698	2315.028	2294.141	2297.979	2297.979	2341.132	2311.311
2053 年	2280.424	2252.656	2283.446	2297.852	2295.572	2276.652	2255.493	2259.38	2259.38	2303.106	2272.887
2054 年	2238.338	2210.286	2241.391	2255.95	2253.645	2234.527	2213.151	2217.078	2217.078	2261.26	2230.722
2055 年	2192.317	2164.061	2195.393	2210.061	2207.739	2188.478	2166.947	2170.902	2170.902	2215.412	2184.645
2056 年	2142.179	2113.808	2145.268	2160.001	2157.668	2138.323	2116.705	2120.675	2120.675	2165.376	2134.475
2057 年	2087.735	2059.343	2090.827	2105.576	2103.241	2083.876	2062.241	2066.214	2066.214	2110.957	2080.024
2058 年	2028.79	2000.478	2031.874	2046.585	2044.255	2024.941	2003.368	2007.329	2007.329	2051.953	2021.1
2059 年	1965.139	1937.018	1968.203	1982.821	1980.506	1961.316	1939.888	1943.822	1943.822	1988.155	1957.5
2060 年	1896.573	1868.759	1899.604	1914.066	1911.775	1892.791	1871.597	1875.488	1875.488	1919.344	1889.016
2061 年	1822.871	1795.491	1825.856	1840.096	1837.841	1819.148	1798.285	1802.114	1802.114	1845.295	1815.431
2062 年	1743.807	1716.996	1746.73	1760.679	1758.47	1740.16	1719.731	1723.48	1723.48	1765.772	1736.521
2063 年	1659.145	1633.047	1661.991	1675.573	1673.421	1655.594	1635.709	1639.358	1639.358	1680.532	1652.051
2064 年	1568.639	1543.409	1571.391	1584.526	1582.445	1565.206	1545.982	1549.509	1549.509	1589.323	1561.781
2065 年	1472.037	1447.839	1474.677	1487.279	1485.282	1468.744	1450.306	1453.689	1453.689	1491.881	1465.458
2066 年	1369.075	1346.084	1371.583	1383.56	1381.662	1365.946	1348.427	1351.641	1351.641	1387.935	1362.823
2067 年	1259.48	1237.883	1261.836	1273.09	1271.307	1256.54	1240.084	1243.102	1243.102	1277.201	1253.606
2068 年	1142.968	1122.964	1145.151	1155.578	1153.926	1140.245	1125.003	1127.798	1127.798	1159.388	1137.527
2069 年	1019.247	1001.047	1021.233	1030.723	1029.219	1016.768	1002.902	1005.445	1005.445	1034.19	1014.296
2070 年	888.0111	871.8409	889.7767	898.2106	896.8737	885.8088	873.4882	875.7474	875.7474	901.2928	883.612

注：碳排放量的单位为百万吨，相关数据模拟过程可以向作者索取。

根据表10-3中路径2相关数据，可得印度2019年至2070年碳排放量的散点图，如图10-2所示，其中横坐标为年份，纵坐标为印度碳排放量。图10-2显示：在2038年印度碳排放量所对应的散点位置处于最高点；2038年之后，印度碳排放量所对应的散点位置不断降低。

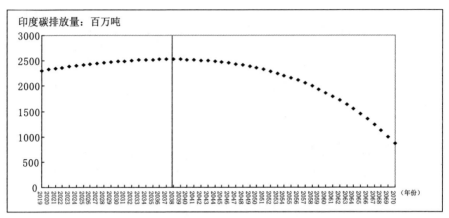

图 10-2　2019 年至 2070 年印度碳排放量的散点图

第五节　本章小结

本章对印度的碳达峰问题进行了实证研究，研究发现，印度在 2038 年实现碳达峰。

本章计算了印度三大产业的碳排放强度。计算结果显示，印度第一产业碳排放强度、第二产业碳排放强度和第三产业碳排放强度分别为 0.0324 百万吨/亿美元、0.2203 百万吨/亿美元、0 百万吨/亿美元。

本章还论证了印度在 2038 年实现碳达峰的各种可行路径，并指出了印度在 2038 年实现碳达峰的最优路径。本章研究发现，印度在 2038 年实现碳达峰的最优路径选择必须同时满足三个条件：（1）印度三大产业的碳排放强度的衰变因子为 0.99；（2）第三产业比重的年增加量为 0.9%、第二产业比重的年减少量为 0.6%；（3）印度经济增长速度为 3.7%。

参考文献

[1]　鲍昕等：《基于时空注意力机制的新冠肺炎疫情预测模型》，载《北京航空航天大学学报》2022 年第 8 期。

[2]　陈昆亭等：《基本 RBC 方法模拟中国经济的数值试验》，载《世界经济文汇》2004 年第 2 期。

[3]　陈彦斌等：《人工智能、老龄化与经济增长》，载《经济研究》，2019 年第 7 期。

[4]　陈俊：《技术进步偏向、要素累积与中国经济增长动力构成——基于一种新的非参数分解方法的实证研究》，载《华中科技大学学报（社会科学版）》2018 年第 2 期。

[5]　陈宇峰：《石油诅咒中的俄罗斯转型经济增长：一项基于协整关系的实证检验》，载《俄罗斯中亚东欧研究》2009 年第 5 期。

[6]　蔡昉：《人口密度与地区经济发展》，载《浙江社会科学》2001 年第 6 期。

[7]　陈小沁：《上海合作组织能源一体化前景探析》，载《国际经济合作》2008 年第 10 期。

[8]　董昀：《新冠肺炎疫情冲击下的中国经济韧性》，载《中国社会科学院研究生院学报》2020 年第 4 期。

[9]　丁莹等：《新冠疫情发生城市仿真模型及防控措施评价——以武汉市为例》，载《清华大学学报（自然科学版）》2021 年第 12 期。

[10]　方福前、王晴：《动态随机一般均衡模型：文献研究与未来展望》，载《经济理论与经济管理》2012 年第 11 期。

[11]　方建国、尹丽波：《技术创新对就业的影响：创造还是毁灭工作岗位——以福建省为例》，载《中国人口科学》2012 年第 6 期。

[12]　姜安印、刘博：《资源开发和中亚地区经济增长研究——基于"资源诅咒"假说的实证分析》，载《经济问题探索》2019 年第 5 期。

[13]　龚玉泉、袁志刚：《中国经济增长与就业增长的非一致性及其形成机理》，载《经济

学动态》2002 年第 10 期。

[14] 华生等:《中国传染病防控预警机制探究——来自新冠病毒疫情早期防控中的启示》,载《管理世界》2020 年第 4 期。

[15] 韩立华:《上海合作组织框架下多边能源合作的条件与前景》,载《国际石油经济》2006 年第 6 期。

[16] 黄赜琳:《技术冲击和劳动供给对经济波动的影响分析——基于可分劳动 RBC 模型的实证检验》,载《财经研究》2006 年第 6 期。

[17] 黄赜琳、朱保华:《中国的实际经济周期与税收政策效应》,载《经济研究》2015 年第 3 期。

[18] 胡颖、石微巍:《国际石油价格波动对哈萨克斯坦经济增长的影响研究》,载《新疆财经》2017 年第 4 期。

[19] 胡春林、彭迪云:《广东省产业结构演进的"悖服务化"现象及其解析》,载《统计与决策》2011 年第 2 期。

[20] 贺玉德:《我国西部地区产业结构演进与经济增长分析——以四川省为例》,载《甘肃社会科学》2017 年第 6 期。

[21] 李鹏:《负向收入冲击与经济危机的数量关系及影响机制》,载《统计与决策》2020 年第 22 期。

[22] 李鹏:《环境库兹涅茨曲线的再检验》,复旦大学出版社 2019 年版。

[23] 李鹏:《中国农业劳动节约型技术进步对农业人口转移数量的影响》,载《统计与决策》2019 年第 20 期。

[24] 李志萌、盛方富:《新冠肺炎疫情对我国产业与消费的影响及应对》,载《江西社会科学》2020 年第 3 期。

[25] 李明等:《疫情后我国积极财政政策的走向和财税体制改革任务》,载《管理世界》2020 年第 4 期。

[26] 李春吉、孟晓宏:《中国经济波动——基于新凯恩斯主义垄断竞争模型的分析》,载《经济研究》2006 年第 10 期。

[27] 刘涛、靳永爱:《人口流动视角下的中国新冠疫情扩散时空动态——传统数据和大数据的对比研究》,载《人口研究》2020 年第 5 期。

[28] 刘学良、张晓晶:《疫情冲击与经济增长——SARS 的实证分析及新冠肺炎的潜在影响》,载《产业经济评论》2020 年第 4 期。

[29] 刘伟、蔡志洲:《产业结构演进中的经济增长和就业——基于中国 2000-2013 年经验的分析》,载《学术月刊》2014 年第 6 期。

[30] 刘世锦等:《基于投入产出架构的新冠肺炎疫情冲击路径分析与应对政策》,载《管理世界》2020 年第 5 期。

［31］刘杰：《沿海欠发达地区产业结构演进和经济增长关系实证——以山东省菏泽市为例》，载《经济地理》2012年第6期。

［32］雷达、武京闽：《疫情叠加衰退：呼唤多边反危机协调新模式》，载《探索与争鸣》2020年第4期。

［33］马克思：《资本论》，中共中央马克思 恩格斯 列宁 斯大林著作编译局译，人民出版社1975年版。

［34］彭靖里等：《推动孟中印缅国际能源大通道建设的战略与对策》，载《东南亚纵横》2007年第9期。

［35］郭栋：《灾难风险经济冲击效应与货币政策机制选择研究——基于DSGE模型的新冠肺炎疫情经济模拟》，载《国际金融研究》2020年第8期。

［36］彭昱、周尹：《城市人口集聚与服务业发展》，载《财经问题研究》2016年第12期。

［37］崔凯、周静言：《俄罗斯贸易结构与产业结构错位现象分析》，载《延边大学学报（社会科学版）》2016年第4期。

［38］裴平、曹源芳：《我国经济增长的动力分析》，载《南京社会科学》2008年第11期。

［39］邱晓华等：《中国经济增长动力及前景分析》，载《经济研究》2006年第5期。

［40］吴昊、赵阳：《人口集聚对中国省际劳动生产率的影响差异研究》，载《求是学刊》2020年第3期。

［41］吴振宇等：《新冠肺炎疫情对金融运行的影响及政策建议》，载《经济纵横》2020年第3期。

［42］任啸辰、傅程远：《人口因素与房地产价格关系的研究——基于2006-2017大中城市面板数据的分析》，载《中国国土资源经济》2019年第12期。

［43］尹响等：《人类命运共同体理念下应对新冠疫情全球经济冲击的中国方案》，载《经济学家》2020年第5期。

［44］王永贵、高佳：《新冠疫情冲击、经济韧性与中国高质量发展》，载《经济管理》2020年第5期。

［45］盛华雄等：《新冠肺炎疫情传播建模分析与预测》，载《系统仿真学报》2020年第5期。

［46］邵俊杰等：《基于SEIR模型的中国山东省与韩国COVID-19疫情早期传播特征比较分析》，载《华中师范大学学报（自然科学版）》2020年第6期。

［47］孙克：《中国资本体现式技术进步估计》，载《经济科学》2011年第3期。

［48］盛方富、李志萌：《重大突发公共卫生事件对经济的冲击、传导及其应对——以新冠肺炎疫情为例》，载《企业经济》2020年第3期。

［49］唐成伟、陈亮：《资源开发、产业结构演进与地区经济增长——基于中介传导模型的实证分析》，载《经济问题探索》2012年第3期。

［50］王智勇：《人口集聚与区域经济增长——对威廉姆森假说的一个检验》，载《南京社会科学》2018年第3期。

［51］王震：《新冠肺炎疫情冲击下的就业保护与社会保障》，载《经济纵横》2020年第3期。

［52］王维然等：《哈萨克斯坦外贸对经济增长作用的分析》，载《新疆大学学报（哲学·人文科学版）》2011年第3期。

［53］王伟玲、吴志刚：《新冠肺炎疫情影响下数字经济发展研究》，载《经济纵横》2020年第3期。

［54］［美］沃西里·里昂惕夫：《投入产出经济学》，崔书香译，商务印书馆1980年版。

［55］武鹏：《改革以来中国经济增长的动力转换》，载《中国工业经济》2013年第2期。

［56］王林等：《信息生态视角下新冠肺炎疫情的网络舆情传播与演化分析研究》，载《情报科学》2022年第1期。

［57］徐坡岭、韩爽：《梅普组合下俄罗斯经济增长与政策趋势分析》，载《俄罗斯研究》2008年第3期。

［58］［英］约翰·希克斯：《工资理论》，商务印书馆1996年版。

［59］杨成：《关于在上海合作组织框架内建立统一能源空间的几点思考》，载《西伯利亚研究》2008年第1期。

［60］杨海霞：《中国能源战略应重视三大通道 专访国家应对气候变化战略研究和国际合作中心主任李俊峰》，载《中国投资》2012年第9期。

［61］杨蕙馨、李春梅：《中国信息产业技术进步对劳动力就业及工资差距的影响》，载《中国工业经济》2013年第1期。

［62］尹楠：《基于SIR模型的有限区域内新冠肺炎疫情传播仿真模拟》，载《统计与决策》2020年第5期。

［63］庄子罐等：《预期与经济波动——预期冲击是驱动中国经济波动的主要力量吗?》，载《经济研究》2012年第6期。

［64］赵利、王振兴：《技术进步的就业效应：基于中国数据的经验分析》，载《北京工商大学学报（社会科学版）》2010年第5期。

［65］钟粤俊等：《集聚与服务业发展——基于人口空间分布的视角》，载《管理世界》2020年第11期。

［66］曾永明、张利国：《新经济地理学框架下人口分布对经济增长的影响效应——全球126个国家空间面板数据的证据：1992—2012》，载《经济地理》2017年第10期。

［67］朱武祥等：《疫情冲击下中小微企业困境与政策效率提升——基于两次全国问卷调查的分析》，载《管理世界》2020年第4期。

［68］张晓晶、刘磊：《新冠肺炎疫情冲击下稳增长与稳杠杆的艰难平衡》，载《国际经济

评论》2020 年第 2 期。

[69] 张艳霞、李进：《基于 SIR 模型的新冠肺炎疫情传播预测分析》，载《安徽工业大学学报（自然科学版）》2020 年第 1 期。

[70] 张原等：《新冠肺炎（COVID-19）新型随机传播动力学模型及应用》，载《应用数学学报》2020 年第 2 期。

[71] 朱建军、邓顺利：《西部能源大通道建设的战略分析》，载《俄罗斯中亚东欧市场》2011 年第 12 期。

[72] 张茉楠：《中国全力打开能源全球化战略大通道》，载《上海证券报》2013 年 3 月 25 日，第 4 版。

[73] 朱明明、赵明华：《基于 SSM 的山东省产业结构演进与经济增长关系分析》，载《经济论坛》2010 年第 12 期。

[74] 赵春艳：《我国经济增长与产业结构演进关系的研究——基于面板数据模型的实证分析》，载《数量统计与管理》2008 年第 3 期。

[75] 张明等：《产业高级化对经济增长的作用研究——基于我国产业结构演进的实证分析》，载《贵州财经大学学报》2019 年第 2 期。

[76] 张养志、郑国富：《外国直接投资与哈萨克斯坦经济增长的实证分析》，载《俄罗斯中亚东欧研究》2009 年第 2 期。

[77] 朱智洺等：《"一带一路"下中国 OFDI 对中亚五国经济增长的影响测度》，载《河海大学学报（哲学社会科学版）》2015 年第 5 期。

[78] 中国季度宏观经济计量模型（CQMM）课题组：《新冠疫情对中国经济的冲击》，载《经济研究参考》2020 年第 5 期。

[79] 胡键：《俄罗斯转轨的制度经济学分析》，学林出版社 2004 年版。

[80] 洪竞科等：《多情景视角下的中国碳达峰路径模拟——基于 RICE-LEAP 模型》，载《资源科学》2021 年第 4 期。

[81] 陈菡等：《实现碳排放达峰和空气质量达标的协同治理路径》，载《中国人口·资源与环境》2020 年第 10 期。

[82] 马丁、陈文颖：《中国 2030 年碳排放峰值水平及达峰路径研究》，载《中国人口·资源与环境》2016 年第 S1 期。

[83] 李侠祥等：《中国 2030 年碳排放达峰研究进展》，载《地理科学研究》2017 年第 1 期。

[84] 邵帅等：《中国制造业碳排放的经验分解与达峰路径——广义迪氏指数分解和动态情景分析》，载《中国工业经济》2017 年第 3 期。

[85] 庄贵阳等：《碳达峰碳中和的学理阐释与路径分析》，载《兰州大学学报（社会科学版）》2022 年第 1 期。

[86] 胡剑波等：《"碳达峰"目标下中国碳排放强度预测——基于 LSTM 和 ARIMA-BP 模型的分析》，载《财经科学》2022 年第 2 期。

[87] 唐志鹏等：《基于函数极值条件下的中国碳达峰碳中和情景分析》，载《自然资源学报》2022 年第 5 期。

[88] 陈芳、曹晓芸：《长三角差异化工业碳达峰路径研究》，载《苏州大学学报（哲学社会科学版）》2022 年第 4 期。

[89] 王文举、孔晓旭：《中国 2030 年碳达峰的省级目标、政策工具与路径选择》，载《社会科学战线》2022 年第 11 期。

[90] 冷成英、柳剑平：《低碳试点的政策效应、减排路径及其对碳达峰的启示——基于中国 275 个城市的 PSM-DID 检验》，载《湖北大学学报（哲学社会科学版）》2022 年第 6 期。

[91] 李俊杰、刘湘：《宁夏碳排放影响因素与碳达峰预测》，载《中南民族大学学报（人文社会科学版）》2022 年第 7 期。

[92] Acemoglu, "D. Patterns of Skill Premia", *Review of Economic Studies*, Vol. 2, 2003, pp. 199-230.

[93] Daron Acemoglu, Pascual Restrepo, "The Race between Man and Machine: Implications of Technology for Growth, Factor Shares, and Employment", *American Economic Review*, Vol. 6, No. 6., 2018, pp. 1488-1542.

[94] Malin Adolfson, et al., "Bayesian Estimation of an Open Economy DSGE Model with Incomplete Pass-Through", *Sveriges Riksbank Working Paper Series*, No. 179., 2005.

[95] Philippe Aghion, "Growth and Unemployment", *The Review of Economics Studies*, Vol. 3, No. 3., 1994, pp. 477-494.

[96] P. antràs, D. chor, "Organizing the Global Value Chain", *Econometrica*, Vol. 6, No. 6., 2013, pp. 2127-2204.

[97] David H. Autor, "Why Are There Still So Many Jobs? The History and Future of Workplace Automation", *Journal of Economic Perspectives*, Vol. 3, No. 3., 2015, pp. 3-30.

[98] Eli Berman, et al., "Implication of Skill-biased Technological Change: International Evidence", *The Quarterly Journal of Economics*, Vol. 113, No. 4., 1998, pp. 1245-1279.

[99] Erik Brynjolfsson, Andrew McAfee, "The Second Machine Age: Work, Progress, and Prosperity in a Time of Brilliant Technologies", *Journal of Information Technology Case and Application Research*, Vol. 16, No. 2., 2014.

[100] Elizabeth Brainerd, Mark V. Siegler, "The Economic Effects of the 1918 Influenza Epidemic", *CEPR Discussion Paper*, 2003.

[101] Bernd Ebersberger, Pyka Andreas, "Innovation and Sectoral Employment: A Trade -off

between Compensation Mechanisms", *Labour*, Vol. 16, No. 4. , 2002, pp. 635-665.

[102] Toshio Fujimi, Hirokazu Tatano, "Estimation of Indirect Economic Loss Caused by House Destruction in a Natural Disaster", *Natural Hazards*, Vol. 61, No. 3., 2012, pp. 1367-1388.

[103] Francois Gourio, "Disaster Risk and Business Cycles", *American Economic Review*, Vol. 102, No. 6. , 2012, pp. 2734-2766.

[104] Michael Kumhof, et al. , "Inequality, Leverage, and Crisis", *American Economic Review*, Vol. 105, No. 3., 2015, pp. 1217-1245

[105] Hornstein, A. , et al. , "The Effects of Technical Change on Labor Market Inequalities", in Aghion, P. , Durlauf, S. , *Handbook of Economics Growth*, Oxford: North-Holland, 2005.

[106] Charles I. Jones, "The Shape of Production Functions and the Direction of Technical Change", *The Quarterly Journal of Economics*, Vol. 120, No. 2. , 2005, pp. 517-549.

[107] Loukas Karabarbounis, Brent Neiman, "The Global Decline of the Labor Share", *The Quarterly Journal of Economics*, Vol. 129, No. 1. , 2014, pp. 61-103.

[108] Michael Kremer, "Population Growth and Technological Change: One Million B. C. to 1990", *The Quarterly Journal of Economics*, Vol. 108, No. 3., 1993, pp. 681-716.

[109] John Maynard Keynes, "Economic Possibilities for Our Grandchildren (130) ", *In Essays in Persuasion.* New York: Harcourt Brace, 1932.

[110] Edward C. Prescott, Finn E. Kydland, "Business Cycles: Real Facts and a Monetary Myth", *Federal Reserve Bank of Minneapolis Quarterly Revies*, Vol. 2, 1990, pp. 3-18.

[111] Joel Mokyr, *The Lever of Riches: Technological Creativity and Economic Progress*, New York: Oxford University Press, 1990.

[112] Gianmarco I. P. Ottaviano, Dino Pinelli, "Market Potential and Productivity: Evidence from Finnish Regions", *Regional Science and Urban Economics*, Vol. 36, No. 5. , 2006, pp. 636-657.

[113] Robert M. Solow, "Technical Change and the Aggregate Production Function", *The Review of Economics and Statistics*, Vol. 39, No. 3. , 1957, pp. 312-320.

[114] Williamson G. Jeffrey, "Regional Inequality and the Process of National Development: A Description of the Patterns", *Economic Development and Cultural Change*, Vol. XⅢ , No. 4. , 1965, pp. 3-45.

[115] Yaprak Tavman, "A Comparative Analysis of Macroprudential Policies", *Oxford Economic Papers*, Vol. 67, No. 2. , 2015, pp. 334-355.

[116] Budyko, Mikhail I, *Climate and Life*, Academic Press, 1974.

[117] William Nordhaus, "Can we control carbon dioxide? (from 1975) ", *American Economic*

Review，vol. 106，No. 6.，2019，pp. 2015−2035.

［118］Keeling，Charles D，"1973. Industrial production of carbon dioxide from fossil fuels and limestone"，*Tellers*，Vol. 25，No. 2.，1973，pp. 174−198.

致　谢

　　经过作者两年多的努力，终于完成了《经济增长、能源安全与碳排放——基于上合组织与一带一路的分析》著作的撰写工作。作者综合运用统计学、能源经济学、产业经济学、国家安全学等学科知识进行分析。本著作中的研究，都是作者的最新研究成果。由于经济增长、能源安全与碳排放的研究涉及面比较广，研究的难度比较大，本著作的研究只起到抛砖引玉的作用，作者后续会继续进行深入研究。由于作者水平有限，著作中难免有一些瑕疵，作者欢迎社会各界朋友、同行专家批评指正。

　　作为上海政法学院的一名教师，作者能够以上合组织和一带一路为对象进行相关研究，很大程度上得益于上海合作组织国际司法交流培训基地（上合基地）这一国家级平台，得益于中华民族伟大复兴的伟大梦想，得益于构建人类命运共同体的时代背景。

　　本著作能够顺利出版，作者要感谢上海政法学院校领导的大力支持，要感谢上海合作组织国际司法交流培训基地的大力资助，要感谢上海政法学院科研处领导和同事们对我的支持和帮助，要感谢上海政法学院经济管理学院为我提供的良好的科研环境，要感谢中国政法大学出版社的大力支持，特别要感谢中国政法大学出版社领导和编辑魏星老师对我的鼎力支持。

李鹏

2024 年 6 月 27 日　上海